ＡＩ時代の扉を開く日本人の矜持

シン・ニューノーマル的日本論

ひとり開拓者
工学博士

みらい PUBLISHING

はじめに　２５０回の国際会議で知ったグローバル社会の現実

私は前著『ニューノーマル　シニアはひとりで世界へ！』（みらいパブリッシング）で、「第２の人生」で取り組んでいる、世界の情報格差解消への活動の経緯や背景を綴りました。あわせて、大いなる力を秘めているシニアに向けて、これまでの仕事人生で培った知識や経験、そして日本人が持つ思想や精神性を、世界を舞台に発揮しようとエールを送ったつもりです。

こんなメッセージを込めた前著を読まれた方々から「グローバル社会で生き抜くために必要な精神を、岡村さんの豊富な国際経験から、もっと掘り下げて教えて欲しい」という声をいくつもいただきました。本書は、そうした要望にお応えするために執筆しました。

この本の執筆にあたって、無視できない大きな動きがありました。それは生成ＡＩ技術の急拡大です。この動きは、私のライフワークとも言える情報格差解消への取り組みの重要性を際立たせました。

生成ＡＩはこの1年半という短期間に、先進社会において必須のツールになりました。そしてその勢いは止まりません。次の世代の人工汎用知能（AGI：Artificial General Intelligence）や、人工超知能（ASI：Artificial Superintelligence）が出現すれば、さらなる自己進化や意思決定も可能になり、人間にできない高度な問題解決までこなすでしょう。それが今後の社会に与えるインパクトは計り知れません。

しかし途上国のインターネットにつながっていない地域では、生成ＡＩも次世代のＡＩも利用できません。経済、文化、人権、教育など様々な面で、進歩を続ける先進社会から大きく出遅れてしまうことは明らかです。ＡＩ技術の出現で、情報格差を解消することがますます重要になったのです。

世界は、すでに分断に喘ぎ混迷を深めています。そのうえでＡＩ技術の急拡大です。今こそ、新しい技術や試みの本質を理解し、適切に方向づけするための価値観や思想を、「世界共通の価値基準」として打ち出すことが大事なのです。そして日本の価値を再評価し、私たち日本人が果たすべき役割を探らなければなりません。

私は光通信技術と国際標準化の専門家として、国連の標準化機関などの国際会議に250回以上出席してきました。国益に直結する激しい議論や、ときには修羅場を通じて、国際社会の多様な価値観と、警戒心、疑心暗鬼、そして分断が戦争さえ生んでいる厳しい現実を見てきました。

その中で、私たち日本人は、急激にグローバル化し、混迷する国際社会のジャングルに丸腰で迷いこんだ旅人のようです。このままでは、獰猛な諸外国の餌食となりかねません。

一方で、日本人が持つ優しさや親切さは、いまも美徳として世界で知られています。

国際社会を平和に維持するために、日本人の心奥に存在する共生の価値観の意味を見つめ直し、地球の持続可能性回復への役割を日本人が担うべきだと私は考えます。

本書では、まず国際社会の厳しい現実を認識したうえで、日本が本来持っていた美徳をなぜ失いつつあるのかを探ります。更に、欧米社会の深層に潜む一神教的な考え方と、日本のルーツにある多神教的な思想とを対比し、いま求められる価値観とは何かを考えていきます。日本人は、自らの矜持を持って世界に飛び出し、地球社会の持続可能性という課題解決に向けてリードすべき役割があります。本書では、そのような地球共生への理念と思想を述べ、最終章で私の実践を紹介します。

経済競争が、技術の変革をいたずらに加速し、社会はそれらを素早く咀《そ》嚼《しゃく》し理解することができず、混乱につながっています。そんな今だからこそ、日本という国の価値を見直し、その役割を考え、使命を果たしていきたい――。

前著と本書によって、私の実践（行動）と、その背景（思想）をワンセットで書籍化しました。本書を手に取られた様々な世代の方々と一緒に、確固たる志を持って「世のため人のため」に貢献する豊かな人生への道を歩いていきたいと強く願ってやみません。

目次

第1章　分断する世界の現実

第2章 日本はなぜ「根無し草」の国になったのか

第3章 欧米社会の根底にある「一神教」の価値観

第4章 日本人としてのルーツを掘り下げて思考せよ

第5章 「持続可能性」こそ日本が世界で果たす使命

第6章 世界の情報格差解消へ向けた挑戦

プロローグ　世界26億人にインターネットをつなぐ挑戦

「それ」は、ある日突然、天からの啓示のように私の頭の中へとやってきました。

２０１１年４月、スイスのジュネーブで、私は国連の専門機関ＩＴＵの会議に参加していました。

国連本部そばのホテルに宿泊していたときのこと。何の前触れもなく、私の脳に鮮烈なイメージが飛びこんできたのです。


――白雪輝くヒマラヤ山脈。見上げるとどこまでも蒼く澄んだ空に、１台の大型ヘリコプターが飛んでいる。やがてヘリはゆっくりと高度を下げると、黒く細いケーブルをするすると降ろす。山腹で待ち構えていたシェルパ（チベット系ネパール人の高地民族）たちがケーブルを受け取ると、山岳地帯の斜面に置き始めた。

彼らは嬉しそうにこう叫んでいた。

「これで私たちの村にも、インターネットがつながるんだ！」

なぜそんなイメージが浮かんできたのか、いまでも不思議でなりません。あの日の閃きがなければ、私の人生は全く違ったものになっていたでしょう。

天から降りてきた「それ」——海底光ファイバーケーブルを地表に置いて途上国にインターネットをつなぐ「ソリューションＢＩＲＤ」は、世界の情報格差解消を目指す私の生涯を賭けた挑戦となりました。(BIRD:Broadband Infrastructure for Rural-Area Digitalization)

時は流れて２０１９年3月——。

私はネパール中西部のドゥル市に立っていました。海抜およそ１３００メートルの尾根筋に集落が細く連なる山村で、東方にはヒマラヤ山脈を仰ぎ見ることができます。

空港から悪路をジープに揺られて3時間半。このドゥル市に、私の考案したソリューションＢＩＲＤによって10キロの光ファイバーケーブルを敷設し、大容量のインターネット回線をつなげる工事です。

工事といっても、普段着で集まってくれた村人たちがトラックから素手でケーブルを運び、位置を確認しながら地面に置いていくだけの簡単なものです。耐久性の高い海底光ファイバーケーブル由来の、強靱で細くて軽いケーブルを用いるソリューションＢＩ

RDは、大規模な工事が必要ありません。ですから、このドゥル市のような貧しい地域にも安価で通信回線を整備できるのです。

都市部から光ファイバーを有線ケーブルで村の基地局までつなぎ、そこから各家庭には無線のWi-Fiで通信回線に接続してもらいます。

10日間ほどの工事は無事に終了しました。これで、村に大容量のブロードバンド通信によるインターネットがつながるようになったのです。

2カ月後の同年5月29日、ソリューションBIRDの終了と引き渡しを記念するイベントが盛大に開催されました。

住民の方々が特に喜んでいたのは、オンライン診療についてでした。人口4万人のドゥル市に病院はわずか一つしかありません。山道を何時間も歩いて診療に通わなければならなかった人々にとって、オンラインで気軽に診療を受けられるようになることは、健康と生命維持のために大きな力となるからです。

ネパールの公式報告でも、次のように高く評価されました。

〈2019年3月、光ケーブル10キロメートルの一部は、未踏のジャングルの地表に手動で配置しました。前例のない低い価格で、困難な条件下で光ケーブルを簡単に敷設することで、光ケーブルを接続するための扉が世界的に開かれることが期待されます〉

この言葉通り、情報格差を解消するための「扉」が世界的に開かれつつあります。ドゥル市の次に私が目標と定めたのは、世界最高峰エベレストのベースキャンプ地でした。２０２１年の時点で、42キロの光ケーブルが、標高２４００メートル地帯にある山麓の車道終点部まで到達していました。

34個のケーブルドラムはコロナ禍で留め置かれていましたが、２０２３年、標高５３００メートルのベースキャンプまでのトレッキングルートに沿うように、敷設開始地点までヘリコプターで一つ一つ運びこみました。

2023 年 3 月　エベレストベースキャンプ（標高 5300m）付近まで BIRD ケーブルを搬入（右端に丸いケーブルドラムが見える）

しかしその後、現地の政治環境の変化やヘリコプターの燃料の高騰などもあって、ケーブルを敷設開始するには至っていません。

エベレストのベースキャンプ地にブロードバンドインターネットがつながれば、オンライン登山による新たな観光や、登山者の健康維持、遭難救助、学術調査など、様々な可能性が考えられます。現地の人々の雇用拡大にもつながるはずです。ソリューションＢＩＲＤの存在が広く世界に知られていくので、実現に向けて引き続き力を尽くしていきます。

そして、ヒマラヤの他にも、モンゴルやケニア、タンザニア等々、各地にソリューションＢＩＲＤが広がりつつあります。コロナ禍で滞ったプロジェクトもありましたが、徐々に再始動してきました。

２０２３年10月に京都で開催された、国連主催の「インターネット・ガバナンス・フォーラム（ＩＧＦ）２０２３」では私も登壇しました。

アントニオ・グテーレス国連事務総長はビデオメッセージで「第一に接続ギャップを解消し、残りの26億人をオンラインに戻すために協力する必要がある」と

2023 年 3 月　エベレストベースキャンプ（標高 5300m）付近ソリューション BIRD のケーブルドラムを搬入（背景はエベレストの頂上）

述べました。

岸田首相も直接参加して「今年の全体テーマは、誰ひとり取り残さない、包摂的なインターネットを実現し、持続可能な人類の未来を切り拓くという、力強い決意の表れであると思います」と語っています。

世界には、インターネットを使える環境にない26億人と、使える54億人とのあいだに生じている情報格差があり、その危機感は、世界でも広く共有されるようになりました。ただ、肝心の解決策については、実現可能な具体的かつ安価な通信ソリューションの提案はほとんどなされていないのが現状です。私のソリューションＢＩＲＤは、情報格差解消に向けた実現可能で国際標準に沿った手段ですが、これに匹敵するソリューションは知る限り見当たりません。

欧米をはじめとした先進国は、格差の問題に対して非常に冷淡な態度をとり続けています。私は長年そのことが不思議だったのですが、欧米社会の根底にある一神教的な考え方に原因があると確信するようになりました。

だからこそ、多神教をベースにした文化を持ちながら、先進国の一員である日本の存在が極めて重要になるのです。

世界を分断している格差を解消し、地球の持続可能性を高めるために、いま日本が果たすべき使命は限りなく大きい——。
そのことをこれから読者の皆様と一緒に考えていきたいのです。

第1章

分断する世界の現実

あるイスラエル人青年との対話

私が250回以上の国際会議に出席し、各国の出席者と議論を交わす中で、「日本の常識は世界の非常識」だと痛感したことは幾度となくありました。

分断にあえぐ世界の現実を直視しなければ、日本のこれからの針路も導き出すことはできません。

2024年1月、私はイスラエル人の友人ラファエル君（仮名）とオンラインで対話をしました。

ラファエル君は、日本人の父とイスラエル人の母の両親を持つ20代の青年です。彼は7年前から、地中海沿岸に位置するイスラエル最大の都市テルアビブに住み、高校教師をしています。

この前年の2023年10月、パレスチナのガザ地区を支配するイスラム組織ハマスが、イスラエル領内への攻撃を開始。それに対してイスラエルも反撃し、ガザ地区に大規模な空爆と地上侵攻を行うなど戦闘は激化し、一般市民にも多数の死傷者が出ています。

2023年に起きてしまったイスラエル・パレスチナ戦争をどうとらえているのか？

彼の答えは、厳しい世界の現実に対する日本人との認識の違いを浮き彫りにするものでしたので、本章の冒頭にまずはご紹介しましょう。

岡村：23年10月から発生したハマスとの戦闘で、イスラエル国内も騒然としているところかと思います。ラファエル君がテルアビブに住んでいたこれまでの7年間でも、何度もテロが起きていたと聞いていました。

ラファエル：そうですね。テルアビブでも何度あったか覚えていないほど数多くテロが発生していました。ときにはスーツで正装した人物が爆弾テロを起こしたりもするので、常に気が抜けない状態が続いていました。

岡村：比較的安全な日本で暮らしていると、想像もつかないような厳しい環境だと思います。イスラエル側もガザ地区に対して激しい報復攻撃を続けていますが、そのことについてはどう思いますか？

ラファエル：今回の報復は、絶対多数のアラブ人に囲まれた小国イスラエルとして、１２００人を殺されたことに反発しなければ、国が滅びてしまうという危機感から起きていると思います。小さな国イスラエルが巨大なアラブ世界に囲まれて生き延びるため、建国時から「10倍返し」という戦略が国の方針になっています。

岡村：私は、宗教的な影響があるのではないかとも考えています。『旧約聖書』には、神が殺戮の限りを指示するような表現が多数みられますが、イスラエルの人々はこれにどのくらい影響されているのでしょうか？

ラファエル：個人的な実感ですが、イスラエル国民の4割ほどは神の存在を信じており、イスラエルを「約束の地」だと信じています。そうした信仰心の強い人々にとって、ガザ地区を手放す選択肢はないでしょう。しかし残りの半数以上の国民は宗教にそれほど影響されているわけでもないので、「約束の地」のためにイスラエル国民が殺されることは耐えられません。戦争は国民のマジョリティーの意思ではないと思います。

岡村：イスラエル・パレスチナ戦争について、日本は何ができるでしょうか？

日本は、第二次世界大戦でアメリカから原爆を落とされ、空襲などを含めると国内で約50万人の一般市民が犠牲になりました。戦後はGHQ（連合国軍最高司令官総司令部）によって、戦前までの日本の伝統を無視するような形で憲法を制定されました。それでもアメリカを受け入れて現在まで同盟を結んでいます。そのような経験のある日本だからこそ、イスラエル・パレスチナ両国に対して何らかの働きかけができないかと思うのです。

ラファエル：イスラエルと日本では前提が違いますので、単純に「日本を見習おう」というだけでは通用しないでしょう。ただ、イスラエルには「敵にも家族がいて安定が必要」と考えられる人たちが一定数います。ですから、「家族の幸せ」や「国の安定」などの普遍的な言葉を使いつつ、一方で広島と長崎の被爆体験を伝え、「核戦争の悲劇を繰り返してはいけない」と訴えるのが良いのではないでしょうか。私も毎年1～20人のイスラエル人高校生を広島に連れて行き、被爆の歴史を学ぶ計画を進めています。

岡村：なるほど。国民性を見ても、イスラエルの人と日本人とではかなり違いますからね。日本人は争いごとを避けて波風立てずに協調しようとする意識が強く、また性善説の考え方も強いので、アメリカの占領政策を受け入れて仲良くやってきました。しかしイスラエル人の性格も価値観も日本人とは違いますので、「日本を見習おう」とは言いにくいですよね。

さて私は以前、ユダヤ人の大学教授に「ユダヤ人はなぜたくさんノーベル賞をとれるのか？」と質問したことがあります。するとその教授は「ユダヤ人、イスラエルの教育は、『Asking asking』なのだ」と答えました。これは「とにかく質問することを重視する」との意味ですが、この点は賛同されますか？

ラファエル：その通りです。イスラエルは「Asking」の国なので、相手に失礼なくらい質問していいという文化です。

たとえ自分が弱者だったり力がなかったりしても、質問してその答えから賛同者を集めるのです。また強く発言して自分の意思を通すことで、仲間を増やして反対勢力に対抗しようとする姿勢を、イスラエル人は子どもの頃から教育を通じて身につけています。

岡村：以前、ネパールでホテルのフロントに聞いたことがありますが、ホテルが一番困る客はイスラエル人だそうです。とにかく要求が厳しいからだと（笑）。

ラファエル：よく分かります。また、イスラエル人は上から言われたルールは、たとえ賛成でもそのまま守りたくないという意識があります。あっさり賛成してしまうと相手が図に乗ってしまうので、抵抗することで自分の動く余地を確保しておきたいのです。上からの押しつけに対してはとにかく反発が強いですし、自分の行動の幅を制約するような圧力はとにかく嫌いますね。その点がイスラエル人と日本人の大きな違いでしょう。

岡村：日本人は、究極の模範解答がどこかに一つだけあると思いこんでいるようで、早い段階で模範解答と違うことを言ってしまうと恥ずかしいという心理が強すぎるのです。皆がそうやって二の足を踏んでいるから、結論を出すのが遅れてしまう。しかし世の中で起きている問題に対する解答は一つではありません。どんどん質問しながら考えて、自分で解答を導き出そうとするユダヤ人の教育に、日本も学ぶべきですね。

イスラエルとパレスチナをどう見るか

イスラエル人のラファエル君との対話はこのくらいにしておきましょう。

彼との短い対話でも、安全な場所にいる日本人と、四方を敵に囲まれた厳しい国土に生きるイスラエル人との、考え方の違いが浮き彫りになったのではないでしょうか。

最初に私が問いかけた「キリスト教の影響」について、イスラエル国内の多数派ではないにせよ、やはり一定の影響があると感じます。

『旧約聖書』では、ヨシュアが率いるイスラエル人が、カナン（パレスチナ地方）の都市に攻め込み、先住民を殲滅し、そこに移住していく記述があります。敵を容赦なく殺戮する描写が多数存在する『旧約聖書』が信仰の土台になっていることは、現代に生きる人々の行動様式にも影響を与えざるを得ないでしょう。

イスラエルのネタニヤフ首相は右派リクードの党主であり、現政権は極右・宗教政党との連立政権です。対パレスチナ強硬政策をとるネタニヤフ首相は、「ホロコースト（ナチス・ドイツによるユダヤ人虐殺）は当時のパレスチナ人指導者のせいで起きた」と発言するなど、イスラエル国民のナショナリズムを煽るような言動を続けています。

イスラエルは、四方を敵であるアラブ諸国に囲まれ、抑圧されすぎているあまり、自分が相手を殲滅することしかないと思いこんでしまっているのかもしれません。

そんなイスラエルに対して、原爆を投下されてもアメリカに復讐せず、同盟を保ち続けている日本が、何らかのヒントを示すことができるのではないでしょうか。


イスラエル・パレスチナ戦争においてはアメリカの動向も目が離せません。

アメリカは当初、イスラエルのハマス攻撃を全面的に支持していました。それは「約束の地を手に入れた」という意味でアメリカとイスラエルは共通点があるからです。イスラエルが「約束の地」を守る戦争を否定すれば、アメリカ自身の歴史を否定することになるのです。

ただ、イスラエルのあまりにも激しい攻撃に国際社会の非難が強まると、米バイデン政権も支持の姿勢をトーンダウンしています。

２０２４年11月に行われるアメリカ大統領選挙で、民主党（ハリス）が勝つか、共和党（トランプ）が勝つかによって、イスラエルへの支援にも大きく変化が生じるでしょう。特に自国中心主義をとるトランプが勝利した場合は、イスラエル、そしてウクライナへの支援も大幅に減る可能性が高いと思われます。

人類は戦争から逃れられないのか

ロシアによるウクライナ侵攻や、そしてイスラエル・パレスチナ戦争などを見るにつけ、「人類は戦争から逃れられないのか」という疑問を抱きます。

1932年7月、物理学者アルバート・アインシュタインは、一通の手紙を書きました。

手紙の相手は、精神分析の大家であった同じユダヤ系のジークムント・フロイトです。当時は戦間期にありましたが、ドイツではナチスが勢力を広げつつあるなど、世界に不穏な空気が立ち込めていた時期です。

一般相対性理論で1921年にノーベル物理学賞を受賞しており、世界最高の天才として名高かったアインシュタインに、国際連盟の国際知的協力委員会（ユネスコの前身）から依頼があったのです。

それは、アインシュタインが誰かを選び、現代文明にとって最も重要と思われる問題について意見交換をするという依頼でした。

彼が選んだ対話の相手は、フロイトでした。

こうしてアインシュタインとフロイトは、「人間を戦争というくびきから解き放つことはできるのか？」というテーマで、往復書簡を交わすことになったのです。

第一次世界大戦以降、様々な形で平和運動に携わってきたアインシュタイン。ユダヤ人の彼にとって、ナチスが台頭し、各国でナショナリズムが勃興する時代に、座していることはできなかったのでしょう。

アインシュタインは世界から戦争をなくすために、国家間の問題について権限を持った国際機関（国際連盟など）に解決を委ねる方法に一定の理解をしつつも、その実現がおぼつかないことも知っていました。

そのため、人間の心を戦争から引き離すためにはどうすれば良いかを、フロイトに訊ねたのです。

アインシュタインの問いに対して同じユダヤ人のフロイトは、人間には攻撃本能（死の欲動）と愛（エロス的欲動）があり、攻撃本能を制御するためには愛に訴えかける方法、なかんずく文化が大切だと答えました。

〈人間がすぐに戦争を始めたがるのが破壊欲動の現れだとすれば、この欲動に抵抗するエロスの欲動に訴えかければよいのです。〉

〈心理学的な観点からすると、文化には次の二つの重要な特徴があります。一つは知性の力が強くなり、欲動をコントロールし始めたことです。もう一つは攻撃的な欲動が主体（著者注・人間のこと）の内部に向かうようになり、これがさまざまな好ましい結果をもたらすとともに、危険な結果をもたらしていることです。文化の発展のプロセスのために必要とされてきたわたしたちの心的な姿勢は、戦争にはあくまでも抵抗するものであり、それだけにわたしたちは戦争に強く反対せざるをえないのです。わたしたちはもはや戦争には耐えることができないのです。〉（『人はなぜ戦争をするのか　エロスとタナトス』フロイト著、中山元訳、光文社古典新訳文庫）

このフロイトの考察を私なりに解釈するならば、世界各国が共感するような芸術、音楽、美術などといった文化の力が、対立と分断にあえぐ世界を結びつけるカギであるといえるかもしれません。

自分あるいは自国中心のイデオロギーを脱却して、他者には他者の思いが、他国には他国の立場があることを理解しての行動が求められるのです。

私たち日本人からすれば「そんなの当たり前でしょう」「小学校で習ったことだ」と思うかもしれませんが、実は国際社会で「他者への共感」などという感性を持ち合わせている存在は少数派なのです。

こうした特性は日本の強みであり、同時に弱みにもなり得ます。それを踏まえたうえで、世界の現実を認識していくべきなのです。

国旗や国歌で分かる「戦う世界、戦わない日本」

国家のシンボルともいえる「国旗」と「国歌」。それを眺めてみるだけでも、「日本の常識は世界の非常識」という事実が浮き彫りになってきます。

日本の国旗は言わずと知れた「日の丸（日章旗）」です。白地の中央に、太陽を表す赤い丸があります。祝日や祝い事の際に掲げられることも多く、日本国民は日の丸を「めでたさの象徴」として認識しているのではないでしょうか。

ところが他国の国旗に込められた意味を調べてみると、自国が歩んできた血なまぐさい戦いの歴史が背景にあるケースも多いのです。

例えばインドの国旗は、三等分に上からオレンジ（サフラン）、白、緑と色分けされ、中央にチャクラの紋章がデザインされています。オレンジはヒンズー教を、緑はイスラム教を、そして白は平和を意味します。ヒンズー教とイスラム教が争わないように、真ん中に平和の白を置いているのです。

同様にアイルランドの国旗も、左から緑、白、オレンジと三等分に色分けされています。緑はカトリック教徒（旧教）を、オレンジはプロテスタント教徒（新教）を、そして真ん中にある白はカトリックとプロテスタントとの平和と友情を表しているのです。

これらは、あえて国旗に平和を表す「白」を入れなければならないほど、国内での対立が激しかったという歴史を踏まえている例です。

また、「赤」という色に戦いで流した「血」の意味を込めた国旗もあります。

オーストリアの国旗は、三等分した上下が赤、真ん中が白に塗られています。十字軍遠征の際、オーストリア大公レオポルト5世の純白の軍服が敵の返り血で真っ赤に染まり、ベルトの部分だけが白く残ったという故事からきているのです。

スペインの国旗は、「血と金の旗」といわれ、赤は敵を撃退した際に流した血を、金色は戦って手にした豊かな国土を表しています。

ベトナムの国旗は、赤地の中央に黄色い星がある「金星紅旗」です。地の赤は社会主義国に共通の色で、革命で人々が流した血を表します。黄色の星は労働者、農民、知識人、青年の団結を表しているのです。

国旗のデザインに込められた意味からも、「血を流して戦ったからいまの国家がある」

という事実がうかがえるのです。

国歌にしても同様です。

日本の国歌「君が代」の歌詞は、さざれ石（小さな石）が雨に打たれて石灰分が溶け出し、隣の石とくっついて、やがて巌（大きな岩）となっていく。その巌に苔が生えるほどの長い時間、日本の国が「君」のもとで平和であって欲しい――。このように願う内容となっています。

しかし、他の多くの国の国歌では、「戦い」が高らかに歌われているのです。

主な国の国歌の中で、私が一番激しいと感じたフレーズを抜き出してみましょう。

・アメリカ「ロケットの赤い光が、空中で破裂する爆弾が」

・メキシコ「戦争、戦争！　御旗をば　血の波にずぶぬれにせよ」

・イタリア「皆の衆、歩兵隊を組め　死の覚悟はできておるぞ」

・アイルランド「大砲轟き 銃声つんざく中　我ら兵士の歌を口吟む」

・フランス「あの血に飢えた暴君どもには（略）あの虎狼どもには　慈悲は無用だ」

・オーストリア「熾烈なる争い、壮烈なる闘い」

・タイ「血と肉によるタイの団結」
・中国「立ち上がれ！　奴隷となることを望まぬ人びとよ！」
・インド「インドの運命の裁定者　勝利を、勝利を、汝に勝利を」

いかがでしょうか？　こうして並べてみるとインパクトがあります。「微笑みの国」と呼ばれるタイの国歌ですら「血と肉による～」という強烈なフレーズがあるのです。長きにわたる平穏を願うような日本の国歌とは、雰囲気が全く異なるのです。

国旗や国歌は国のシンボルですが、これらを比較しても国際社会と日本のギャップを感じざるを得ません。国際社会は猛獣が潜むジャングルのようなものであり、そんな場所に丸腰でのんびり入っていくぐらい危機感がないのが日本人なのです。

これらの違いが生まれた背景を知っておくことは重要です。ヨーロッパでは作物の生育に必要な夏の雨が少なく、連作に向かない麦と、牧畜への依存が高く定住に向いていませんでした。中東も遊牧（移動）が基本でした。一方、日本の気候風土は定住向きでした。移動生活は未知との遭遇や軋轢の中で性悪説を生み、一方で定住生活は近隣との協調、共生の中で性善説を必要としました。加えて日本を囲む海が外敵の侵入を防ぎ、平和が続いたのです。

イギリスとアメリカの「強さ」の理由は

長い間、国際社会を実質的にリードしてきた存在であるイギリスとアメリカ。

9世紀半ばから20世紀初頭まではイギリス帝国の最盛期であり、世界中に植民地を広げ、「パクス・ブリタニカ」と呼ばれました。

そのイギリスから18世紀に独立したアメリカは、第二次世界大戦後の20世紀後半から21世紀にかけては「世界の盟主」「世界の警察官」といった立場を確立します。

現在の多極化した国際社会では、英米両国の支配的な立場は弱まってきているのは確かですが、それでも日本より存在感は遥かに上なことは確かです。

イギリスやアメリカはなぜ強いのでしょうか。

その理由のひとつには、幼少期より徹底的な選抜教育が行われている点があります。

イギリスでは、日本でいう幼稚園年長にあたる5歳の段階で全国統一の学力試験が実施されます。その結果によって「この子は優秀だから高等教育を施そう」「あの子は勉強に向いていないから他の道を探させよう」などと、将来の進学や就職まである程度、予想できてしまうのです。

その後も、勉強が向いていないと判断された子は、容赦なく学校を追われます。国として限られた教育資源を見込みのある子だけに配分するのです。

こうしたイギリスの教育制度に対して、元国連職員で作家の谷本真由美氏は次のように記していました。

〈日本と異なり学校が生徒の面倒を見ますという感じではなく、生徒は良い実績をあげ、学校に貢献する人間ではないと残してもらえない仕組みである。外資系企業と全く同じである。だから学校の仕組みを見ていて、改めてなぜイギリスやアメリカが強いのかというのが実によくわかった。〉（ウェブサイト「アゴラ」２０２２年11月29日）

ちなみにドイツでも、10歳の段階で長文を書かせる難易度の高い選抜試験が実施され、そこで将来は大学進学するか就職するかという進路がほぼ決まってしまうのです。

このように教育において「選択と集中」が行われているイギリスやアメリカは、その結果として上位のリーダー層は極めて優秀で能力の高い人材が育成されます。一方、その試験に落ちてしまった層は社会の中流から下流に固定されますので、格差が拡大してしまいます。こうして国民全体で一致協力できない国になってしまうのです。最近のシンガポールの教育も同じようです。

遊牧民にも優秀なリーダーが必要でした。元ＵＡＥ（アラブ首長国連邦）大使の加茂佳彦氏は、ＵＡＥ人の気質についてトップダウン、指導者に従順、格差社会を当然視、などを挙げて、「過酷な環境で生存を確保するには優れた指導者の果敢な決断が不可欠です。（中略）皆は有能な指導者に全権を委任し、彼の指図に従って行動します。」と綴っています。（加茂佳彦『日本人だけが知らない砂漠のグローバル大国ＵＡＥ』講談社＋α新書）。

日本は、どのような路線を進むべきでしょうか。日本は国民全体が一緒に育つ現行の教育制度の良い点は残しつつ、日本と世界を導く大局観と強さを備えたリーダーを育てる方法を加えるという独自の路線を考えてみるべきではないかと思うのです。

「一帯一路」が挫折した中国

中国の習近平国家主席が、２０１３年に打ち出した巨大経済圏構想「一帯一路」。それはアジアとヨーロッパを陸路と海路の両方でつなぐ巨大な物流網により、貿易の活性化と経済成長を目指そうとする試みでした。

「現代版シルクロード」と大々的に喧伝した一帯一路は、港や鉄道といったインフラ整備を進めたい開発途上国と、そのインフラ投資をするだけのお金がある中国との利害が一致し、周辺国を巻きこんでスタートしました。

しかし現在、一帯一路は大きな岐路に立たされています。

インフラ整備のために中国から借りたお金を返済できなくなるという「債務のワナ」に陥ってしまった途上国が増えてきているのです。

対中債務がＧＤＰ（国内総生産）の1割を超える国は42カ国に及びます。

特にＧＤＰ比が高いアジア諸国としては、ラオス64パーセント、モルジブ40パーセント、カンボジア20パーセント、パプアニューギニア17パーセント、ブルネイ13パーセント、ミャンマー12パーセント、スリランカ12パーセントなどが挙げられます。

スリランカでは、中国から融資を受けてハンバントタ港という巨大な港を建設しました。建設資金は中国から年6・3パーセントという高金利で借りたものの、返済ができなくなってしまいます。そして２０１７年、借金を返済しない代わりに、港の運営権を99年間にわたり中国に引き渡してしまいました。

同様のケースはオーストラリア、パキスタン、アラブ首長国連邦、ギリシャなどでもありました。海上交通路の要衝にある港の運営権や利用権を、中国が次々と手にしているのです。

一帯一路の美名のもとに「債務のワナ」を仕掛けるという中国の戦略は、アメリカをはじめ欧米諸国から反発を受けており、中国は国際世論から孤立しつつある状態です。

そこで中国は中東産油国やアフリカと接近し、そちらで影響力を強めようとしています。しかし、国内の消費マインドの低迷、輸出の低迷、不動産不況などによって、中国経済は減速しつつあります。

一帯一路の挫折と合わせて、中国の国際社会におけるプレゼンスは今後、低下していくのではないでしょうか。

私に言わせれば、一神教のキリスト教的なバックボーンのある欧米に対し、共産主義という一種の宗教によって対抗しようとして、そして行き詰まっているのが中国なのです。インターネットが中国の辺境地帯にも普及し、中国国内における情報格差が解消すれば、民衆の力によって一党支配体制が崩れる日も夢ではありません。

国連の限界と「ＳＤＧｓ」の幻想

国連総会は２０２３年2月、ロシアのウクライナ侵攻開始から1年になるタイミングで開かれた緊急特別会合で、侵攻を非難する決議案を圧倒的多数で採択しました（賛成１４１カ国、反対７カ国、棄権32カ国）。

しかし国連決議には法的拘束力がなく、常任理事国であるロシアがこの決議を無視するように戦争を続けている有様です。

そのロシアのプーチン大統領は、ウクライナに対する核使用をほのめかすなど、核兵器を「脅し」に使うようなそぶりも続けています。

ロシアによるウクライナ侵攻によって、国連の無力さが浮き彫りになると共に、「核兵器なき世界」の実現がいかに困難かを思い知らされることとなりました。

国連といえばもう一つ、この数年、日本でもブームとなったＳＤＧｓ（持続可能な開発目標）について触れておきましょう。

私はこのＳＤＧｓは、国連の「仕事しています」「地球のことを心配しています」というアリバイ作りの面があると思っています。

『人新世の「資本論」』がベストセラーになった経済学者の斎藤幸平氏は、「ＳＤＧｓは『大衆のアヘン』である」と言い、更にこう批判します。

〈無限の経済成長を追い求める資本主義に緊急ブレーキをかけない限り、気候変動は止まらない。これが問題の核心部分なのに、ＳＤＧｓはそこから人々の目をそらさせる。その点を危惧しています〉（ウェブサイト「現代ビジネス」２０２０年11月20日）

この斎藤氏の言葉にある「気候変動」を「情報格差拡大」と入れ替えると、まさに私の言いたいことと合致します。資本主義に緊急ブレーキをかけない限り、情報格差拡大は止まりません。

国連傘下の組織であるＩＴＵも、デジタルディバイド（情報格差＝情報通信技術の恩恵を受けられる人と受けられない人との格差）について、「その解消が最優先課題」だと事務総局長自らがアナウンスしています。

しかし通信ソリューションを開発し運用するメーカーやオペレーターは、短期収益の見込めない事業には興味を示しません。

私自身は、ＳＤＧｓの理念自体には心から賛同しますし、真にＳＤＧｓを実現するためには情報格差の解消は避けて通れないとの立場から、途上国にインターネットをつなげる活動を続けています。

「核兵器のない世界」にせよ、ＳＤＧｓにせよ、欧米先進諸国は自分たちでその元凶を作りながら、一方で国連では綺麗なスローガンをかかげて「やっていますよ」というポーズをとっているわけです。

日本人はとかく国連を神聖視しがちですが、「力のあるものが生き残る」という国際社会の現実に変わりはありません。その現実を踏まえたうえで、理想とする社会の実現に向けてせめて日本人だけでも動いていく必要があると思うのです。

自国を誇りに思わない日本人

やや古いデータになりますが、２００９年に英紙『エコノミスト』が発表したデータによると、調査対象の世界33カ国のうち「自国に対する誇り」が最も高い国はオーストラリア、そして最も低い国が日本でした。

オーストラリアが自国につけた点数は１００点満点中90点。それに対して日本は56点と最低点だったのです。

２位以降はカナダ、フィンランド、オーストリア、シンガポール、インド、中国、フランス、スペイン、チリと並び、アメリカは11位で自国につけた点数は77点でした。

前年のリーマン・ショックに端を発した世界金融危機の影響を受けた調査だったとはいえ、日本人が自国に対する誇りを持っていない現状が浮き彫りになり、非常に驚いたことを覚えています。

日本人が自国に誇りを持てないのは、

「他国をそれほど意識せずに過ごしてきたから」

という理由があると思います。

『古事記』や『日本書紀』では、神武天皇が即位した紀元前660年に日本は建国したとされています。それから約2700年にわたり、皇統で王権を継続してきた日本は、世界で唯一といえる単一王朝国家なのです。

王朝が変わる国では、ときどきの権力を維持強化するために、歴史の事実を曲げて書き直してでも民の意識を変えて外敵に備える必要がありました。王朝が継続した日本では、歴史は真実を記すもので、捏造した歴史を使って外国を非難、攻撃する必要はなかったのです。

それだけ長い歴史においても、四方を海に囲まれた島国という地理的要因から、日本は長く他国からの侵略を受けずに済んできました。そのため、「会津（福島）ＶＳ長州（山口）」というような国内での郷土意識は発達しましたが、日本としてのナショナリズムや愛国心といったものを醸成する機会が乏しかったのです。

アメリカは、ヨーロッパから新天地を求めてたどり着いた入植者たち、それも宗教弾圧から逃れたプロテスタント系の清教徒たちを中心に、イギリスの植民地として国の歴史が始まりました。そして１７７６年、イギリスとの戦争に勝利して独立を勝ち取ったのです。

こうした歴史があるアメリカは、「自分の意思で国を愛する」という意識が強く、個人の自由意志と愛国心は矛盾せずに同居しているのです。

私たちは「自分が地球人だ」と思う瞬間はほとんどありません。それは地球外生命体のような存在と対峙する経験がなかったからです。その意味で新型コロナウイルス感染拡大は、地球が一丸となって共通の敵と戦う、人類にとって貴重な経験だったのかもしれません。

日本は、太平洋戦争では強烈なナショナリズムを発揮して連合軍と激しい戦いを繰り広げました。しかし、敗戦のトラウマと占領軍の植民地戦略で、日本人としての背骨である価値観を形成するのに不可欠な日本本来の歴史・宗教・国家観などについて、正面から向き合うことにアレルギーを持つようになってしまいました。

戦後の日本人は、価値判断の基準が混乱し、他国では当然のように維持されてきた「自国への誇り」を失ってしまったのでしょう。

日本一国だけで物事を考えている限り不自然ではないのかもしれませんが、国際社会の標準から見れば、ここまで自国への誇りがない国民は異常なのです。それが日本の「弱さ」にもつながっている現実を直視しなければいけません。

サバイバル技術としての「自己主張」

私が250回以上の国際会議に出席して痛感したのは、各国からの参加者の「自己主張の強さ」でした。

ある会議で、時間も考えず長々と自分の意見を強硬に主張するイスラム圏の参加者がいて、それを欧米の参加者たちも咎めることなく呆れた様子で眺めていました。

私は驚いて「発言が長すぎるから、会議のルールを守らせたほうがいいのではないか」と聞いてみると、「これまで何度も注意してきたけど守らないから言ってもムダなんだ」と諦めているのです。

日本人だったら周囲のことを考えて、制限時間通りに発言を終わらせようとするでしょう。しかし、そういう考え方をするのは国際社会では少数派なのです。

他にも、会議をマイペースで乗っ取ろうとするイタリア人、全く聞き取れないめちゃくちゃな発音で堂々と英語で話し続ける中国人、相手が聞いていようが聞いていまいが構わず超早口でまくしたてるアメリカ人など、日本では考えられないような自己中心的な振る舞いが、むしろ普通だったのです。

人の言うことをよく聞こうなどという気遣いはこれっぽっちもなく、相手に何か言われる前に自分の主張を述べなければ負ける、という緊張感がありました。

「周囲からどう思われようが、言いたいことを堂々と自己主張する」

「やられる前にやる。言われる前に言う」

このように自己中心的とも見える強気なスタンスでなければ、少なくとも短期の競争には勝てません。厳しい競争が繰り広げられる国際社会では、個人も国家も短期の競争に負けることは、多くの場合、生き残れないことを意味するのです。

「和を以て貴しとなす」で長いあいだ生きてきた日本人にとって、自己主張しなければ生き残れない国際社会の現実は受け入れがたいかもしれません。

日本は2000年以上にわたって外敵から侵略されることがなかったので、内輪の秩序だけを守っていれば幸せに暮らすことができました。

内輪の秩序を守れないような人は「村八分」に遭い、結婚相手も見つけられず、子孫も残すことができません。結果として、秩序を守り穏やかに暮らしていけるタイプの人の遺伝子が残って、現代の日本人へと続いているわけです。

対照的に諸外国、特に欧米社会は、どんな手段を使ってでも競争に勝ってきた人たちの遺伝子が残って現在に至っています。

日本人のように周囲に気を遣い自己主張しないタイプは、国際社会では圧倒的に少数派で、真っ先に食い物にされて競争に敗れてしまうのです。

日本と朝鮮半島との軋轢はなぜ起きるか

日本は、海を挟んだ「隣国」である韓国と北朝鮮との関係が、必ずしも良好とはいえません。韓国とは1965年に国交を樹立しましたが、北朝鮮とはいまだに国交がありません。

日韓関係は民間レベルでは、観光客の往来も盛んですし、韓流ブームやK―POP、アニメやマンガなど文化面での交流も活発です。

しかし政治面では、慰安婦問題や竹島問題など、摩擦が絶えません。北朝鮮に至っては、日本人拉致問題の解決の糸口も見えないばかりか、日本の領海内に向けたミサイル発射などの威嚇行動が続いている有様です。

なぜ日本と朝鮮半島との間に、軋轢が絶えないのでしょうか？

政権のスタンスや政治家の言動など、その時々でトラブルを引き起こす要因があるのは確かです。

しかし根本的な原因として、「韓国人のトラウマの構造」が存在することを理解する必要もあるでしょう。

日本は１９１０年の韓国併合により、韓国を統治下においていた時代がありました。日本の統治は１９４５年の終戦まで続いたのです。当時の韓国は貧しかったため、日本の統治下で行われた社会インフラ整備や教育の充実が、韓国の近代化に大きく寄与しました。少なくとも、欧米のような植民地搾取ではなかったのです。

日本の敗戦後、韓国との国交正常化交渉は長引きましたが、１９６５年に日韓基本条約が締結されました。政治的にはこれで一応の決着を見たはずなのですが、韓国の国民感情的には解決したとはいえません。

そこには「韓国人のトラウマの構造」があるのです。

韓国人は、「自分たちの祖先は日本の統治時代に臆病者として行動した」というトラウマがあります。そのため、「自分たちは祖先のような臆病者とは違う」という姿勢を示すため、反日感情を表出させてしまう、ということもあるのではないでしょうか。

従軍慰安婦問題も同様です。韓国の主張通りに女性たちを強制的に連行したとすれば、「それを黙って見ていた韓国人男性は何をしていたのだ？」と、自分たちが臆病者との批判を受けかねません。

そもそも、韓国で元慰安婦がはじめて名乗り出て日本を提訴したのは１９９１年です。もし、多数の強制連行があったとすれば、戦後すぐに問題化していた可能性が高いはずです。

もちろん、戦時下の女性に対する性暴力は許されるものではありません。「被害」の実情を正確に把握するためにも、日韓両国が感情ではなく事実をベースに話し合っていく必要があるでしょう。

更に現在の安全保障環境の問題もあります。韓国はいまだに北朝鮮とは「休戦中」の状態であり、安全保障上の脅威は消えません。北朝鮮との戦争の抑止はアメリカの戦力に依存しつつ、同時に北朝鮮が暴発しないためのコントロールは中国に頼っているのです。

米中両大国に安全保障を依存しているという不満を、日本にぶつけることで晴らしているという側面もあるかもしれません。

アメリカの国際政治学者エドワード・ルトワックは、こうした韓国の姿勢に対して「韓国はきわめて無責任な国家だ」と批判しています。軍事史、軍事戦略研究、安全保障論の専門家でホワイトハウスの国家安全保障会議のメンバーも務めたルトワックは、次のように書いているのです。

〈1910年から1945年までの日本統治時代、朝鮮半島で実は抵抗運動と呼べるようなものはほとんど発生していない（著者注・1918年の3・1独立運動がほぼ唯一の抵抗運動）。朝鮮人たちは概して服従的だったのだ。（中略）朴槿恵前大統領の父親朴正煕元大統領は日本名「高木」を名乗り、自分の血でしたためた血判状をもって、当時の満洲国の軍官学校、陸軍士官学校に志願し、入学した。極めて優秀な成績だったという。（中略）彼は若いころの夢について語った。それは日本軍の勲章をもらい大佐として退役することだった。（中略）韓国人はいまだに自分たちの父親や祖父たちが臆病者で卑屈だったという心理的なトラウマに悩まされている。（中略）日本が朝鮮社会を現実に発展させていると信じたからこそ前向きに協力したのである。〉（エドワード・ルトワック著、奥山真司訳『ルトワックの日本改造論』飛鳥新社）

ルトワックは更に同書で、第二次世界大戦中のユーゴスラビアとドイツとの激戦について〈ユーゴ人は決して臆病者ではなく立ち上がり戦ったのである。誰も自分たちの父を恥じることなく誇りを持てた。だからこそ戦後ドイツ人に対して友好的になれたのである〉とも書いています。戦時中にドイツに協力したオランダやスウェーデンで、戦後に多くの国民が「ドイツ人お断り」となったことにも通底しているでしょう。

韓国の反日感情には、こうした背景があります。これらのトラウマの構造は、韓国自身が未来に向けて解決しなければいけない問題でもあるのです。

日本もこうした構造を理解し、謝罪一辺倒ではなく、毅然と反論すべき点については冷静に反論していくべきではないでしょうか。

「南京大虐殺」に反論できない日本

国家としていかに自己主張すべきかという点では、「南京大虐殺」も見逃せません。「南京大虐殺（南京事件）」とは、日中戦争時の1937年12月、日本軍が中国の南京市を陥落させた後、多数の軍人捕虜、便衣兵（民間人に偽装した兵士）、一般市民を虐殺したとされる事件です。

南京大虐殺の真実は何か。戦闘によって犠牲になった多くの兵士の他に、食料の欠乏もあって捕虜が理不尽にも、少なからず処刑され、また便衣兵も国際法による戦時犯罪者（概ね死刑に処し得べきもの）として処刑されたかもしれません。しかしどれほどの民間人が犠牲になったのか。これらは戦後ずっと論争になっています。

アメリカで、『Eyewitness to Massacre（虐殺の目撃証人）』という書物がM．E．シャープ社から出版されています。サブタイトルは「南京における日本軍の残虐行為の目撃証人のアメリカ人宣教師」です。

本書は、1937年当時に南京にいたアメリカ人宣教師10人が、家族や友人などに送った手紙などの資料をまとめたものです。私信であるため、宣伝やプロパガンダ目的による脚色がされていません。より実像に近い記録である可能性が高いのです。

日本古代史の研究者であった松村俊夫氏がこの書物を検証したところ、南京にいた宣教師の手紙の中に、ただの1件も「虐殺を目撃した」という記述が出てこないというのです。

〈もし、これら教養のあるキリスト者9人の人々が実際に日本軍による虐殺や暴虐を見たとの記録を残していれば、南京事件は事実だったとの有力な証拠となる。ところがおどろくべきことに、400頁以上あるこの資料が収めている膨大な彼等の記録には、事件が起きたとされる12月13日から翌年にかけて、日本軍による住民虐殺を目撃したという記述は全く無いのである。強姦、略奪などの残虐行為も、難民からの訴えを聞いて現場へ駆けつけても犯人は逃げたあとで、実際に日本兵の犯行を見た人はいなかったのである。つまり「書名」とは全く逆にアメリカ人の虐殺（残虐行為）の目撃証人は1人もいなかったということなのである。〉

（松村俊夫「アメリカ人の『南京虐殺の目撃証人』は一人もいなかった」より）

ちなみに南京陥落後、国民政府の首席だった蒋介石は300回以上の記者会見で、一度も虐殺に触れていないことも気になります。

一方、南京虐殺が実在したことに肯定的な書籍として、元兵士19人と被害者21人（各2名は仮名）の衝撃的で凄惨な「証言」が集められた、『南京　引き裂かれた記憶　元兵士と被害者の証言』（松岡環、社会評論社）という書籍も出版されています。

中間的な立場の書籍の一つに『「南京大虐殺」のまぼろし』（鈴木明、文藝春秋）があります。その結言は〈昭和12年12月日本軍が南京を攻めようとした時に中国側に軍民合わせて数万人の犠牲者が出たと推定されるが、その伝えられ方が当初からあまりに政治的であったため真実が埋もれ、今日に至るもまだ、事件の真相がだれにも知らされていない〉です。

日中共同の歴史研究（2006〜2009年）からは、〈日本は「たしかに侵略も虐殺もあった」という常識的立場に立つことによって、中国側の誇張した非科学的な主張をあぶりだし、議論において優位に立てるのである。〉との北岡伸一東大教授によるメモが出ています（第224回国際政経懇話会「『日中歴史共同研究』の成果と今後の課題」、2010年5月12日）。

「南京大虐殺」については、これ以上の深掘りはしません。

ここで大事なのは、日本の国益を第一に考えるならば、「南京の便衣兵と捕虜は、食料欠乏の中やむを得ず相当数が処刑されたが、民間の犠牲者数は少なかった」ということを、国際社会に向けてきちんと訴えるべきではないか、ということなのです。

しかし日本はそういう訴えをするどころか、むしろ中国などに謝罪する一辺倒の対応でこれまでやってきました。

なぜこのように、日本人はおとなしく外国の意見に従ってしまうのでしょうか？

私が考えるに、次の3点の理由があります

①日本を誇りに思っていないため、名誉を守るために反論する必要をあまり感じない

②議論に慣れていないので、反論できない。反論するということの経験やノウハウもない

ひとたび反論すれば、国を守る使命感を持つ外国人（この場合は中国人）から、どんな反論がくるかを考えると、自信もないし、苦しい。中国に進出しているスポンサー企業に遠慮すればメディアの筆も鈍るかもしれません。

③国際社会では平気で嘘をつくという現実を知らない

国益のためなら、嘘と知りながらもそれを声高に叫び続けることのできる国があります。それに対して、国際社会に対して嘘をつくなどということは考えもしないのが日本です。人間は誰しも、判断の基準が自分になります。自分たちと同じような考え方や常

識で、相手も行動すると思いがちです。

一神教を信奉する欧米諸国は、敵を殲滅するまで苛烈に戦います。南京陥落の状況において、「我々だったら当然、虐殺を行うだろう。だから日本も虐殺したに違いない。植民地を蹂躙するのは当たり前だ」という常識を、日本にも無条件で当てはめてしまったという可能性も否定できません。

南京大虐殺はほんの一例ですが、外国からの誹謗中傷にはどんな背景があるのかを理解し、そして必要なときはきちんと反論することも国益を守るためには必要なのです。

国際社会においては「嘘」も正義

日本では小さなころから「嘘をついてはいけません」と教えられます。他人を騙したりせず正直に振る舞うことは、社会人として最低限のルールだという常識が日本社会の中に根づいています。これは日本人の美徳であり、安心して暮らせる社会を維持できている大きな理由でしょう。

ただ、国際社会の常識は真逆です。

「嘘をつくことも正義であり、自分の身を守る手段である」

このように信じている人たちも多いのです。

例えば中国の代表的思想である儒教では、「仁・義・礼・智・信・忠・孝・悌」といった「徳性」を重んじるよう教えます。

そのうえで、読みようによっては「嘘をつくことも正義」というべき教えもあるのです。

『論語』の中でこのようなエピソードが紹介されています。

ある村の長官と孔子との会話で、長官はこう言いました。

「私の村にはとても正直な者がいます。彼の父親が羊を盗んだとき、自らの父親を訴えたのです」

孔子はこれを聞いて答えます。

「私の村の正直者というのはそれとは違います。父は子のために罪を隠し、子は父のために罪を隠します。本当の正直とはその心の中にあるものです」

この文章を読んで、皆さんはどう思われたでしょうか？

家族を守るために嘘をつくことが「正直」なのかどうか、考え方は分かれると思います。

ただ、儒教の始祖である孔子がこのような教えを残していることは、後の人々の思想にも大きな影響を与えているはずです。それが敷衍され、「国家を守るためには嘘をつくことも正義である」という考えのもとで、国家の威信を守るために不都合な事実は隠蔽されたり改竄されているのが現代の中国なのです。

元韓国空軍大佐の崔三然氏は儒教について、次のように綴っています。

〈儒教は、中国大陸での権力維持手段としての経綸だったのである。社会と国家に対する忠より門閥、派閥を優先するため、「公」や「公益」という概念が薄い。人によっては無感覚になる。〉（崔三然『元韓国空軍大佐が語る　日本は奇跡の国　反日は恥』ハート出版）

この「経綸」とは国家を収める方策を意味しますが、ここにも嘘が肯定される温床があるように思えます。

ドイツ人男性と結婚して、ドイツで暮らすようになったノンフィクション作家のクライン孝子氏は「嘘」についてこのように綴っています。

〈私が結婚してまもなく主人と姑に「交通事故を起こしても絶対に謝ってはいけない」

と教わった。その結果、路面電車との接触事故の際に通常の賠償金の1割程度で済み、後で舅に褒められた。〉

（『日本人はなぜ成熟できないのか』クライン孝子、曽野綾子、海竜社）

仮に自分に責任があるかもしれないとしても、それを絶対に認めてはいけない。もし認めてしまえば、一生かかっても払いきれないほどの多額の賠償金を負わされてしまう……。

まさに、国際社会においては、「正直者はバカを見る」という現実もあるのです。

自分自身が嘘をつくかどうかは個人の倫理観にもよりますが、自己防衛最優先の厳しい価値観を身に纏《まと》って生き延びてきた外国人は、いつでも嘘をついてくるという警戒心と危機意識は持っておかなければいけません。

「性悪説」の国際社会を生き抜け

人間を見る際に、大きく分けると「性善説」「性悪説」の二つの考え方があります。

「日本の常識は世界の非常識」となってしまうのも、実はここに起因するのではないでしょうか。

日本は性善説、つまり「人間の本性は善である」と考えます。

しかし世界は性悪説で、「人間の本性は悪である」と見ているのです。

キリスト教やイスラム教のような一神教では、「本当に善なるものは神のみだ」という世界観がベースになっています。人間は罪深く、神から審判を受けるべき存在であるからこそ、生身の人間をそう簡単に信用しません。つまり性悪説で世の中が動いているのです。

性悪説の国際社会は、戦いと競争の歴史となります。性悪説では国際秩序をどう考えるのか。象徴的なのが、米ニクソン政権とフォード政権で国防長官を務めたシュレジンジャーの言葉でしょう。

「核のない世界が実現したら、いつも『何者かがひそかに核兵器を造っているのでは』と不安の中で生きねばならない」

これが性悪説によって国際秩序をとらえた感覚なのです。

一方で日本人は性善説によって立つところが強いと感じます。

先のシュレジンジャーの発言にしても、日本人であれば「核のない世界が実現すれば、世界が平和になってハッピーだ！」と思うのではないでしょうか。

日本国憲法、特に憲法九条を日本が受け入れてきた背景には、「自分たちが戦争さえしなければ、他国から攻められることはない」という日本人が受け継いできた性善説があったのです。

この憲法草案を押し付けたＧＨＱの関係者は、自国の文化における性悪説の常識からして、「憲法九条の狙いは米国が科したペナルティーだ。日本は独立後この憲法は当然改正するものと思っていた」との証言があります
性善説と性悪説、どちらが良いか悪いかという議論にはあまり意味がありません。日本国内は性善説によって上手くまわっており、それは日本の美徳でもありますので、そこはあえて変える必要はないでしょう。

ただし、「国際社会は性悪説という、日本国内とは違った判断基準で動いている」という現実認識は必要です。そして、国際社会で何かをするときには、日本国内とは違った「性悪説」の物差しで物事を計らなければ、致命的なミスを犯します。

相手のことを考えずに自己主張だけを行う、自分の利益のためなら平気で嘘をつく、謙遜することなくむしろ自分を大きく見せようとする、敵に情けをかけることなく容赦なく殺戮する……。

こうした行動の背景には、すべて性悪説があるわけです。国際社会は、肉食獣がひしめくサバンナのような場所です。性善説の「いい人」でのんびりと足を踏み入れると、たちまち肉食獣の餌食になってしまいます。ときには非情のようであっても性悪説に徹して、自らも肉食獣となって他者をエサにしてでも生き残ろうとする意識が、悲しいかな、国際人の大切な素養なのではないでしょうか。

そうして、生き残ったうえで、日本には大切な役割があるのです。明治維新後の最初の万博で日本が出品した仏教美術などが日本人の予想を超えて高く評価されたように、地球社会を持続可能に戻したいという気持ち、ノウハウ、方法論こそが今の世界にとって日本人の予想を超えるほど貴重な価値だと思うのです。

第2章

日本はなぜ「根無し草」の国になったのか

国家的・地球的な大局観を持ちたい

私は現在、総務省所管の国立研究開発法人「情報通信研究機構（ＮＩＣＴ）」の外部評価委員を務めています。

ＮＩＣＴは情報通信技術の研究開発や事業支援を行うことを目的として設立され、約１３００人の人員を抱える大きな組織です。１年に一度、その年の活動に対する評価を私たち外部評価委員が行うのです。

この評価を検討する中で、いま日本が抱えている課題が改めて見えてきました。

「日本は、混迷する世界に対して果たすべき責任について、関心が薄い」

一言でいえばこういうことなのです。

いま、世界では何が起きているでしょうか。

２０２２年にはロシアによるウクライナ侵攻、23年にはイスラエル・パレスチナ戦争、更に24年1月1日には能登半島地震が起きました。

その他にも、気候変動問題、南北の経済格差、そして私が取り組んでいる情報格差など、地球社会の持続性を損なう困難が立ち込めています。

しかしＮＩＣＴに集う極めて優秀な研究者たちが重視する「モニタリング指標」には、「特許出願数や論文数」があるのです。「特許出願数や論文数」を稼ぎやすいのは、誰も手を付けていない先端的研究です。つまり「シーズ志向（研究者視点の開発）」になりやすいのです。

そこで、２０２４年1月の外部評価委員会で、私は次のような主旨のコメントをしました。

〈研究成果を論文化、権利化の件数の多寡で評価すると、シーズ志向になりがちで、研究の質も玉石混交になりかねません。先端研究と共に、世界的な社会課題を解決するニーズ志向（ユーザ視点の開発）を適正にバランスさせつつ、「今」の「日本」の「通信に関する唯一の国の研究所」としての役割をますます果たしてください。

国の潤沢な予算で運営されているＮＩＣＴの研究には、地球社会のために何ができるかという、国家的・地球的な大局観こそ必要です。ノーベル賞狙いの先端的研究と合わせて、地球規模の社会課題解決の研究を車輪の両輪として進めるべきです。〉

外部評価委員としてあえて厳しめの発言をしたのは、私なりの問題意識の表れでした。

２０２４年5月、私は二つの国際会議に参加しました。

一つ目は、ＵＡＥで行われた「13th Annual Investment Meeting（AIM Congress ２０２４＝年次投資会議）」です（以下ＡＩＭ）。これは中東の投資プラットフォームとして開催され、今年は世界１７５カ国から１万２０００人が参加し、計４５０のセッションに９００人が登壇する、大規模なイベントとなりました。

私もソリューションＢＩＲＤをアフリカやアラブ、アジアへの開発投資の対象として認知してもらう機会だと考え、二つのセッションに登壇しました。しかし、知る限りパネリストとして登壇した日本人は会議全体を通じて私の他にひとりしか見当たらず、日本企業の出展もゼロです。日本は58のＡＩＭ協賛国に名を連ねてもいません。

二つ目は、ジュネーブで行われたWSIS Forum（世界情報社会サミット）です。ここ

には160カ国が参加して、情報格差やＡＩの問題などを議論しました。

しかしこの場でも、日本のプレゼンス（存在感）は、ほぼゼロに等しい状態でした。国際社会における日本の影の薄さを実感し、衝撃を覚えました。

今、日本に何が起きているのでしょうか。日本の学会、政界、官界、産業界、メディアの国際社会の動きに対する関心や責任感が、ここまで低下していることを目撃して危機感を覚えずにはいられません。そして、その深刻さに日本全体が気づいていないのです。

日本の戦後の教育は、「日本弱体化」を達成してしまいました。欧米重視、経済重視、中東や途上国への無関心、日本独特の横並び志向などもあって、国際舞台での日本の影を薄くしているのでしょうか。これがどれほど国益を損なう深刻な事態なのか。日本を担う世界に通用する人材の強化こそ国益です。幼少期の家庭教育から始め「人生は厳しい」、「世界は広い」、「世のため人のために大きく高い目標を持つ」などから教えたいものです。

「戦後生まれ」が指導層になった厳しい現実

日本人が「根無し草」になる大きな原因に、「戦後生まれが国の指導層になった」ということが挙げられます。

いまの日本は、政治家、経営者、官僚、学者、メディアなど、影響力のある人々のほとんどが戦後生まれです。

1945年生まれの人は今年（2024年）で79歳です。これ以上の年齢で現在も力をふるっているのは、ごく一部の政治家ぐらいではないでしょうか。

戦後のベビーブーム期に生まれた団塊の世代（1947～49年生）も、そろそろ社会の第一線からはリタイヤしています。社会の中核を担うのは、1950年代以降に生まれた世代へとシフトしているのです。

もちろん、どんな世界でも世代交代は必要です。リーダーの世代交代によって新陳代謝が図られ、組織も活性化するのは確かです。

ただ日本の場合はやや状況が特殊です。大東亜戦争（太平洋戦争）の敗戦によって、それまで連綿と続いていた日本の歴史や伝統といったものが、バッサリと断絶させられてしまいました。

敗戦のショックで当時の親世代は自信喪失してしまいました。加えてＧＨＱの占領政策や焚書、情報統制や洗脳教育、更には新憲法の押しつけに近い制定などで、戦後生まれ世代はよって立つ価値観を見失ったまま70年以上を過ごしてきたのです。

それはまるで、根が痩せた桜にクリスマスツリー（モミの木）を接ぎ木したようなものです。根っこもグラグラで、ちょっと風が吹けば倒れてしまう不安定でいびつな木が、いまの日本です。

戦後生まれの日本人は、日本が長きにわたって大切に受け継いできた宗教、歴史、哲学、考え方、価値観などについて、しっかり学んだり思索する機会がありませんでした。先人の残した価値を土台にして、そこに新しいものを積み上げなければ、高みに至ることはできません。

評論家の西部邁は「戦後日本人はアメリカニストの群れに成り果ててしまった、アメリカニズムの教本は日本国憲法である」「日本は国柄を喪い、日本人も人柄を失った」とまで書いています（『「国柄」の思想』徳間書店）。

しかし私は、前著でも日本の国柄と日本人の人柄に叶う志を持とうと呼びかけています。日本の未来を決して悲観していません。

私自身の人生を振り返っても、工業大学から通信の研究所まで32年間、ほぼ１００

パーセント技術系の、私と同質な人たちに囲まれて過ごしてきました。ところが40歳のときから、光通信の標準化に関する国際議論に参加し、様々な国籍の人たちと議論するようになりました。

そこではじめて「自分はルーツである日本のことを何も知らない。これでは議論の土台に立てない」と痛感したのです。その危機意識から53歳で一念発起し、文系の大学院に通ってＭＢＡ（経営学修士）を取得する中で、遅ればせながら、自らの価値観と日本の国柄を考え始めました。

独立してからも数多くの国際会議に出席していますが、自分のルーツという根っこがしっかり張られてこそ、そのうえに技術的な議論が可能になることを実感します。

情報通信技術の発達で地球が小さくなった一方、ビジネスも国際情勢も先が見えない不安定な時代です。とりわけ日本は、ロシア、中国、北朝鮮という三つの核保有専制主義国家と地理的に隣接しており、危機感をどれほど持っても持ちすぎることはありません。

無用な対立や恐怖を煽るつもりはありませんが、国際社会の標準的な危機感を身につけるためにも、日本がなぜこのような「根無し草」の国になってしまったのかを振り返ります。

高い識字率が明治維新後の成長を実現

1853年、時の江戸幕府に開国を迫ったアメリカ海軍東インド艦隊司令長官のペリーが、たいへん驚いたことがありました。

それは、「日本は庶民の子どもでも文字の読み書きができる」という事実です。江戸時代後期、日本人の識字率は50～60パーセントに達していました。江戸に限れば70パーセントに達していたとも言われています。大人も子どもも、男性も女性も、また武士も町人も含めての数字です。

識字率向上には、幕末期には全国に1万5000軒以上も存在した「寺小屋」の果たした役割も大きかったでしょう。

当時のヨーロッパの識字率は、イギリスで20パーセント、フランスで10パーセント程度でした。文字の読み書きができるような教育を受けられるのは、上流階級の中でも主に男性に限られた特権だったのです。

だからこそペリーは、「日本は庶民の子どもでも文字の読み書きができる」ことに驚嘆したのです。

日本が江戸時代においてすでに高い識字率があったことは、明治維新後の急速な近代化・西洋化に対応できた大きな要因となりました。

上流階級だけでなく庶民も識字力があったことで、国が定めた法令や規則を多くの人々が読むことができ、情報を共有でき、それが社会の各分野の発展につながったのです。

イギリスの初代駐日公使ラザフォード・オールコックは、1863年に著した『大君の都』の中で、「日本では教育はおそらく、ヨーロッパの大半の国々が自慢できる以上に、よくいきわたっている」と高く評価していました。

現代では、日本をはじめ多くの国が99パーセント以上の識字率を保つに至りましたが、それでも世界には識字率が低い国が存在します。私がソリューションBIRDでインターネットをつなげる活動を進めている南スーダンでは、識字率がいまだ27パーセントにとどまっています。

ユニセフが2018年に行った調査では、世界の紛争や災害の影響を受ける国々に暮らす15歳~24歳の若者の非識字率は、そうでない国の3倍に及んでいます。

識字率が向上しない要因として、途上国では次のような状況があります。

学校が近くにない、教育の質が低い、女性や少数民族が教育を受けられない、学校に女性用のトイレがない、児童が労働に従事していて学校に通えない……等々。

文字の読み書きができないことは、人間が生きていくうえで不都合が多く、大きなハンディキャップとなります。

文字によって正しい情報を得ることができないため、法令を理解することもできず、公共サービスも受けられない可能性があります。薬などの注意書きも正しく読めなければ、生命の危険に直結します。

パソコンやインターネットなどの情報通信技術を用いるにも、文字が読めることは大前提となりますので、読み書きができなければいわゆる肉体労働の低賃金な仕事しか就けなくなるのです。貧困に陥ったり、犯罪に巻きこまれるリスクも高まるでしょう。

こうした現実を踏まえると、江戸時代の時点で高い識字率を持っていた日本は、明治維新後の近代化を経て、欧米諸国よりはるかに先進的な文化や伝統を形成していたのです。それが故に、欧米から「脅威」と見られたことも付言しておきましょう。

日本の識字率、教育がなぜ突出して高かったのか。それは、比較的温暖な気候、豊かな自然と水、島国であり外敵との軋轢もなく定住できた、といった地理的要因は大きかったでしょう。そのため、国を守る突出した強力なリーダーも必要なく、平等で平和な社会の中で、国民全体を教育できるゆとりがあったのだと思います。

しかしグローバル化によって地球が狭くなったいま、日本人の外国に対する備えや関心の欠如が危機的なことが露呈しました。日本は、平和ボケという負の遺産を大至急払拭しなければいけません。そのうえで、日本が持つ共生の価値観を堅持しつつ、地球社会の持続性をリードすべきです。日本にはそういう力と信頼があり、責任があると思うのです。

「大東亜戦争」は自衛戦争だった

日本にとって大きなトラウマとなっている、1945年夏の敗戦。

大東亜戦争とは日本にとってどのような戦争だったのかを直視しなければ、いまに至る諸問題の原因は見えてきません（あえて本書では、「太平洋戦争」というアメリカ側の視点ではなく、日本から見た東アジアでの戦争という意味で「大東亜戦争」の呼称を用います）。

ここで重要なのは、

「大東亜戦争は『侵略戦争』だったのか？　それとも『自衛戦争』だったのか？」

という論点にあります。

戦後教育を受けた日本人の一般的な認識としては、「大東亜戦争は日本が中国や韓国、アジア諸国へ侵略した戦争だった。だから日本はアジア諸国へ謝罪する責任がある」といったものでしょう。

しかし、はたして本当にそうだったのでしょうか？

先述のような「侵略戦争史観」は、国民に戦争責任や罪悪感を抱かせるためにＧＨＱによって意図された、偏向した歴史教育によってもたらされたと私は考えます。日本が再び欧米諸国に牙を剥いてこないようにしたかったのでしょう。

実はアメリカ自身が、「大東亜戦争は日本にとって自衛戦争だった」と認識していたことが分かってきました。自衛戦争とは、国家が自らの主権を維持するために、自衛権の行使として行われる戦争のことを指します。

戦後間もない１９４８年に出版された『アメリカの鏡・日本』という書物があります。著者のヘレン・ミアーズは東洋学研究者で、ＧＨＱ諮問機関「労働政策11人委員会」の一員として日本の占領政策にも携わった人物でした。

本書の内容があまりにも不都合だったからか、ＧＨＱ総司令官マッカーサーが日本での翻訳出版を禁じたほどです。

さて『アメリカの鏡・日本』では、主に次のような論旨が展開されています。

・前近代までの日本は、欧米諸国と比較しても例外的に平和主義的な国家だった
・近代化の過程で、欧米先進国の行動に倣って帝国主義国家に変貌するのは当然だった
・日本の好戦的、侵略的と見える行動は、欧米諸国自身の行動が映し出された鏡である
・アメリカをはじめ連合国は、東京裁判で日本を裁けるほど潔白でも公正でもない

そのうえで、著者のミアーズは同書でこのように述べています。

〈1932年からパールハーバーまでの十年間、駐日大使だったグルー氏から米戦略爆撃調査団のメンバーにいたる公的立場のアメリカ人すべて、日本の指導部は終始「国家の存亡にかかわる利益」のために戦っていると考えていた、と証言するのだ〉
〈米大統領は、アメリカの存亡にかかわる利益とその侵犯者を決める権利を持っているというが、自国の国益を定義し、それを誰が脅かしているかを決める権利がアメリカにあるなら、日本にも同じ権利がある筈だ〉

当時の国際情勢を鑑みると、すでにヨーロッパの列強による帝国主義の膨張はアジアにも広く及んでおり、イギリス領インド、オランダ領東インド、フランス領インドシナなど、複数の国が植民地化されていました。日本も、「ＡＢＣＤ包囲網」（アメリカ・イギリス・中国・オランダによる日本への禁輸措置）によって、資源を輸入する方途が閉ざされていたのです。

１９９５年７月にアメリカの国家安全保障局とＦＢＩ（連邦捜査局）、そしてＣＩＡ（中央情報局）が情報公開法に基づいて一斉に公開した「ヴェノナ文書」があります。

１９４０年から１９４４年にかけて、ルーズベルト大統領の側近にいたソ連のスパイと、モスクワの諜報本部との間で交わされた３０００通にも及ぶ暗号電文をアメリカ陸軍が傍受し、国家安全保障局が解読したのが「ヴェノナ文書」です。

「ヴェノナ文書」では、大統領の側近で財務省官僚であったハリー・デクスター・ホワイトは、ソ連のスパイだったことが特定されました。彼は日米関係を悪化させる政策をルーズベルトに入れこみ、対日最後通告となった「ハル・ノート」原案の作成に関与し、日米戦争を起こそうとしました。日米開戦に至った真相が解明されたのです。

邦訳版の書籍には、評論家の江崎道朗氏が「ヴェノナ文書によって第二次世界大戦だけでなく対日占領政策と現行憲法制定そして朝鮮戦争に至る近現代史の見直しが迫られている」との推薦文を書いています。

（参考：ジョン・アール・ヘインズ＆ハーヴェイ・クレア著、中西輝政監訳『ヴェノナ解読されたソ連の暗号とスパイ活動』扶桑社）

こうした状況下で何も手を打たずにいては、早晩、日本も欧米諸国から植民地化されることは十分に予測できました。大東亜戦争が「自衛戦争」だったことは、これらの時代背景を見ていけば分かってくるはずです。

大東亜戦争という呼称には、「アジアの欧米植民地を解放し、大東亜共栄圏を設立してアジアの自立を目指す」という理念が込められていました。それでは植民地宗主国を中心に構成された連合国側にとっては都合が悪かったため、ＧＨＱの占領政策で「太平洋戦争」へと変更されたのです。

日本人は今こそ、先の戦争への理解を改め、そこから現在に至った歴史を見直す必要があります。

欧米諸国が恐れた日本の「復活」

第一次世界大戦が開戦した1914年当時、ヨーロッパ系白人が地球上の土地の84パーセントを支配していました。その白人支配を脅かしていたのが、日清戦争（1894～95年）と日露戦争（1904～05年）という二つの戦いに勝利したことで、にわかに国際社会での存在感を高めていた日本だったのです。

日本を放っておいたら、どんどん力をつけて、我々の支配を脅かす存在になるに違いない――。欧米諸国がそのような危機感を持ったとしても不思議ではありません。ABCD包囲網をはじめとする圧力によって、日本は資源確保のために中国に進出せざるを得なくなり、やがて大東亜戦争の開戦へと至るのです。

1951年5月3日、米上院の軍事外交合同委員会の聴聞会におけるGHQ総司令官マッカーサーの発言にこうあります。

「日本が戦争に赴いた目的は、そのほとんどが、安全保障のためであった」

(Their purpose, therefore, in going to war was largely dictated by Security)

この発言も、大東亜戦争が日本の自衛戦争だった有力な証拠のひとつであります。

アメリカのクオリティペーパーである「ニューヨークタイムズ」紙が、ドイツと日本の降伏をそれぞれどのように報じたか。比較すると非常に興味深いです。

〈実はすぐれた友人であるべきドイツに思い切った手をかして、その復興を助長しよう〉（ドイツ降伏時の論説）

〈この怪物は倒れはしたが、決して命を失っていない、いまだ非常に危険な存在だ、我々はアメリカのために、世界のために、一生かかってでも、永久にかかっても、この動物のきばと骨を抜き去って解体しなくてはいけない〉（日本降伏時の論説、いずれも２０１３年10月16日衆議院本会議、石原慎太郎の代表質問より）

欧米諸国が、いかに日本の復活を恐れていたかがよく分かります。

そして同時に、ドイツに対しては「実はすぐれた友人」と持ち上げる一方、日本については「この怪物」と罵る。ここに、欧米社会が異人種や異教徒に抱いていた、抜きがたい差別意識を感じずにはいられません。

ＧＨＱの「焚書」が日本人を骨抜きにした

１９４５年夏の敗戦から始まったＧＨＱの占領政策には、「日本が戦前の形で復活することを極端に恐れていた」という連合軍のスタンスがありました。

だからこそ、戦前までの日本に受け継がれてきた歴史・伝統・思想などを否定し、「大東亜戦争という侵略戦争を起こした日本がすべて悪かった」という〝自虐史観〟を浸透させる教育を行うようにしたのです。

評論家の西尾幹二氏が『ＧＨＱ焚書図書開封』（徳間文庫カレッジ）のシリーズなどで明らかにした通り、ＧＨＱ占領下で、歴史書などを中心に７７６９冊の書物が焚書されました。

ＧＨＱの指令を受けた文部省が、全国から指定された書籍を没収、廃棄し、戦前までの日本が持っていた価値ある思想や文化の流れを断ち切ってしまったのです。

そして、１９４７年に来日したアメリカ図書館使節の助言で国立国会図書館法案の基本構想がまとめられ、１９４８年2月から施行されました。

国会図書館や公立図書館の設置と軌を一にして、ＧＨＱから派遣された図書館専門家たちのセレクトによる図書が国費で購入されたのです。それらは当然、占領政策に合致した内容の図書であることは言うまでもありません。

このように1945年の敗戦を境として、GHQによって日本の歴史や伝統は捻じ曲げられてしまい、日本現代史には巨大な空白が生じてしまったのです。

アメリカの国立公文書館などに通って、占領期の日本への検閲を研究した文芸評論家の江藤淳氏は、『閉された言語空間　占領軍の検閲と戦後日本』（文藝春秋）でその実態を明らかにしました。同盟通信社の通信は日本国内のみに限られ米軍関係者による100パーセントの検閲を受けていましたし、『朝日新聞』『日本タイムズ』『東洋経済新報』なども、発行停止処分や断裁処分に遭っていました。

江藤氏は同書でこう綴っています。

〈これを見れば、あたかも測り知れぬほど大きな力が、占領開始後間もない時期に、外部から日本の言論機関に加えられたかのようであった。そして、この時期を境にして、占領下の日本の新聞、雑誌等の論調に一大転換が起ったことも、実際にその紙面に当ってみればまた明らかであった。〉（原文ママ）
〈現行一九四六年憲法第二十一条が、言論・表現の自由を保障しているところを思い出してみれば、おそらく憲法すらこの虚構の一部分を構成しているにちがいなかった。〉

これまで歴史教育で教わってきた、戦前・戦中の日本は軍部権力によって言論・表現の自由がなく、戦後アメリカによってようやく言論・表現の自由がもたらされた、という内容とは大きく異なる実態があったのです。言い換えれば戦後、ＧＨＱの洗脳工作によって日本人の戦前の歴史観が歪曲され、改ざんされ、虚偽や誤解が広まって定着しました。

こうして多くの日本人は、日本の長い歴史と伝統によって受け継がれてきた価値を教わる機会もなく現在に至り、自身の中に明確な価値基準を築くこともできませんでした。誤った歴史認識は、国の針路をも誤ります。国を誇らない国民や「根無し草」の日本を生んだ元凶が、１９４０年代のソ連やアメリカの狡猾な対日戦略にもあったことは、国民がきちんと把握し、今後に生かすべきなのです。

自国の歴史を否定する日本国憲法前文

ＧＨＱの占領政策が、現在に至るまで大きな影を落としている最たるものが、日本国憲法です。

現在の日本国憲法は、従前の大日本帝国憲法を改正する手続きによって、１９４６年

11月3日に公布されました。手続としては枢密院、そして貴族院・衆議院両院の可決で制定されたことになっていますが、実際にはGHQが作成して日本政府に渡した「草案」をもとに作成されています。

つまり日本国憲法は、GHQの意向が色濃く反映され、更にその裏にはソ連のスパイの暗躍も指摘されています。天皇制の存続や日本の独立と引き換えに、GHQによって「押し付けられた」のが日本国憲法です。

同じく敗戦国のドイツは、降伏の条件として「憲法を自ら作る」ことを主張して認めさせました。しかし日本はGHQや国際社会の狡猾さを想像できず、「憲法を自ら作る」ことを降伏の条件にできなかったのです。

日本国憲法は、GHQがアメリカ独立宣言（1776年7月4日発表）を参考に起草しました。歴史の浅いアメリカの独立宣言を参考にした結果、2000年の長い歴史を持つ日本の文化や伝統を尊び、継承するという視点を全く欠いたものになってしまったのです。それどころか、戦前までの日本を全否定するような内容でもありました。

象徴的なのは憲法の前文です。

憲法前文の中に、日本の長く継続した歴史や伝統を尊び受け継ぐ文章は一切ありません。それどころか冒頭から、戦前までの日本を否定するような文言が出てくるのです。

〈政府の行為によつて再び戦争の惨禍が起ることのないやうにすることを決意し〉

こんな自国を貶めるような前文を持った憲法など、日本以外には見たことがありません。

また次の文章はどうでしょうか。

〈日本国民は、恒久の平和を念願し、人間相互の関係を支配する崇高な理想を深く自覚するのであつて、平和を愛する諸国民の公正と信義に信頼して、われらの安全と生存を保持しようと決意した。〉

私はこの文章に、二つの点から疑問を持っています。

1点目に、「崇高な理想を深く自覚する」との箇所です。あえて「自覚」という言葉を入れることによって、日本は日本国憲法をGHQに押し付けられたのではなく、自らの意思で制定したとの体裁を無理やり整えたのではないでしょうか。

2点目に、「平和を愛する諸国民の公正と信義に信頼して」との箇所です。第1章「分断する世界の現実」で述べたように、国際社会は「やられる前にやる」という厳しい生存競争の場であり、性悪説でなければ生き残ることはできません。「諸国民の公正と信義に信頼して」などという性善説の理想論では、他国から真っ先に餌食にされるのは自明の理です。

このように憲法前文は、伝統を受け継ぐことを全く謳わず、戦前の日本を全否定し、日本から牙を抜く内容になっています。「日本の復活」を恐れたGHQの意向がはっきりと表れています。

75年が経ったいまでも遅すぎることはありません。憲法制定の真実を国民すべてが認識し、「信頼すれば平和は続く」という根拠のない理想論を改め、現在の憲法を改正するべきでしょう。

それではじめて、欧米諸国にも、核保有の専制国家にも安易に与しない、真の独立国家として日本が再出発できるのではないでしょうか。

憲法は個人の権利だけを尊重しすぎている

日本国憲法がはらむ問題は前文だけではありません。憲法の条文そのものにも、見逃せない問題がいくつもあります。

憲法の全103条ある条文の中で、「義務」「自由」「権利」という言葉が、それぞれ何回ずつ出てくるでしょうか。

数えてみると、国民の「義務」は4回、「自由」は10回、そして「権利」はなんと20回も出てくるのです。「義務→自由→権利」の順で倍々ゲームのように数が増えています。

もちろん「自由」や「権利」も大切ですが、それにしても「義務」とのバランスが偏りすぎていると思うのは、私だけではないでしょう。ここでいう個人の自由とは、GHQの憲法草案の由来であるプロテスタントの範囲内の「信仰の自由」であって、「無制限の自由」ではないことは理解する必要があります。

憲法は国家の根幹をなす存在です。その条文に書かれた内容に偏りがあれば、国家も偏っていくのは必然です。日本が「根無し草」になってしまったのは、憲法で「個人の権利」だけを尊重しすぎた弊害ではないでしょうか。

例えば、憲法第十三条〔個人の尊重と公共の福祉〕の条文はこうあります。

〈第十三条　すべて国民は、個人として尊重される。生命、自由及び幸福追求に対する国民の権利については、公共の福祉に反しない限り、立法その他の国政の上で、最大の

尊重を必要とする。〉

先の項目で触れた、アメリカ独立宣言には次の文章があります。

〈すべての人間は生まれながらにして平等であり、その創造主によって、生命、自由、および幸福の追求を含む不可侵の権利を与えられているということ。〉

ほとんど同じような内容になっていることが分かります。

自国が長い歴史を経て培ってきた伝統や文化を無視し、歴史の浅いアメリカの独立宣言の内容を安易に引き写したところで、それが日本に合致するわけもありません。薄っぺらい権利意識だけが国民の間に広がってしまい、公共のために義務を果たそうとする意識は培われないで今日まできてしまいました。

このように個人の権利が尊重される一方で、日本社会の基盤をなす「家族」については、第二十四条〔家族関係における個人の尊厳と両性の平等〕にこうあるだけです。

〈第二十四条　婚姻は、両性の合意のみに基いて成立し、夫婦が同等の権利を有することを基本として、相互の協力により、維持されなければならない。
2　配偶者の選択、財産権、相続、住居の選定、離婚並びに婚姻及び家族に関するその他の事項に関しては、法律は、個人の尊厳と両性の本質的平等に立脚して、制定されなければならない。〉

憲法の中で家族に触れられているのはこの第二十四条だけです。このような家族軽視の姿勢が、昨今の非婚化や少子化の遠因になっているというのは、考えすぎでしょうか。日本国憲法の制定過程には日本の「復活」を恐れたGHQの意図があったことはしっかりと認識しておくべきです。

例えば戦後、2022年までにアメリカは6回、カナダは19回、ドイツは67回憲法を改正しています。東京大学のケネス・盛・マッケルウェイン教授によれば「日本国憲法は2020年時点で非改正で世界一長寿です。具体的な定めを法律に委ねる規定が多い特徴が長寿の背景の1つ（NHKみんなと私の憲法）」だそうですが、憲法制定のいきさつ、理想論だけでは通用しない国際社会の現実や、いきすぎた個人主義の弊害なども踏まえて、もはや憲法を改正することをためらうべきではないでしょう。

日本は「かよわき者の国」になっていないか

２０２３年に放送されたＮＨＫ大河ドラマ「どうする家康」で、秀吉の側室であった茶々は、家康の軍勢に敗れて自害する際、最期にこのように言い残しました。

「つまらぬ国になるであろう」「正々堂々と戦うこともせず万事長きものに巻かれ、人目ばかりを気にし、陰でのみ嫉み、あざける」「やさしくて、卑屈な、かよわき者の国に」

茶々の壮絶な最期に対して、「戦国から思わず投げかけられた現代批判の言葉に、背筋を伸ばすような声」（ウェブサイト「Lmaga.jp」２０２３年12月20日、吉永美和子氏の記事より）などと共感する声が多数あがりました。

もちろん私も、この茶々の叫びに胸を打たれたひとりです。

まさに現代の日本は「かよわき者の国」になりつつあります。

本章で述べてきたように、その背景には戦後ＧＨＱが制定した日本国憲法に「日本の伝統を大事に受け継ぐ」という思想を込めなかった罪があります。

そのことが遠因となり、家庭教育も学校教育も価値判断の基準を失ってしまい、自分の国を誇りに思う国民を育てることができませんでした。戦前までの日本を全否定し、個人や自由を強調する新しい価値観を押し付けられたことで、日本人の精神は路頭に迷ってしまったのです。

団塊世代の親にあたる戦前派の多くは、敗戦のショックで自信を失いました。そして自由、権利、個人を強調する新憲法のもと、自分の子どもたちを「自分の人生は自由に決めなさい」と教え、日本本来の価値観を受け継がない教育を施しました。その結果、世のため人のために戦わない、戦えない「根無し草」の国民を少なからず作ってしまったのです。

親日派として知られるマレーシアのマハティール元首相は、日本への期待を込めてこのように指摘したことがあります。

〈今や日本人が自信を喪失している。欧米諸国に受け入れられようと、日本人は日本的なもののほとんどすべてを拒否しようとしている。その過程で自らを弱め、多くの場合、失敗をした〉（『アジアから日本への伝言』毎日新聞出版）

マハティールが本書を著したのは２０００年のことでした。それから24年が経ちましたが、この言葉は更なる重みをもって現代の日本人に響いてくるのではないでしょうか。

第3章

欧米社会の根底にある「一神教」の価値観

入院中のクリスマスカード

第3章では、日本と欧米の宗教観を対比して、それが現代世界の諸問題にどのように影響を与えているかを考えていきます。

〈「宗教」を踏まえないで、グローバル社会でビジネスをしようなんて、向こうみずもはなはだしい〉(橋爪大三郎『世界は宗教で動いてる』光文社新書)

この言葉の通りです。私も250回を超える国際会議に出席し、各国代表と議論する中で、「宗教の知識がなければ国際社会で戦えない」と痛感したものです。

私が日本人の宗教観について関心を持つようになったのは、些細なことがきっかけでした。

10年ほど前、私は足を骨折してしばらく入院したことがありました。入院したのは、東京都内にある病床が70床程度の小規模な病院です。

12月下旬に入院して、数日が経過したある日のこと。部屋に英語で書かれたクリスマスカードが届いたのです。

私は看護師さんに尋ねました。

「こちらの院長さんはクリスチャンですか？」

「いえいえ違います。クリスマスなのでささやかなお祝いとして皆さんにお配りしてます」

街はクリスマスのデコレーションで綺麗に彩られ、クリスマスソングが流れている。そんな中で入院されている患者さんに、少しでも明るい気持ちになってもらおう……。クリスマスカードには病院スタッフのそんな温かい気持ちが込められていたのでしょう。キリスト教徒ではなくてもクリスマスにはお祝いをするのが、日本社会の常識になっていることに、私は改めて気づかされたのでした。

日本人にとっては当たり前の光景ですが、海外ではそうはいきません。

クリスマスカードを渡した患者さんがもしイスラム教などの他宗派を信仰していたら、かえってトラブルになった可能性が高いでしょう。ですから、病院などの公的な性格のある場所では、宗教性を帯びたイベントを行うことには極めて慎重になるはずです。

この点から、「日本人には宗教に対する意識が低い」と批判することもできるでしょう。

しかし私はむしろ、気兼ねなくクリスマスカードを渡すことのできる日本の宗教的寛容性は、世界に誇るべき美徳だと思ったのです。

日本が持つ、世界にもまれな宗教的寛容性。それは「多神教」の伝統からきています。欧米社会を形づくってきた、キリスト教による「一神教」の価値観とは全く異なる、日本のユニークな伝統です。

「多神教」と「一神教」から生じた宗教観・世界観の違いが、現代社会における諸問題へのスタンスにも大きく影響を与えているのです。

宗教は平和に共存できるのか

2024年3月8日、私は広島の原爆資料館を訪れました。犠牲の悲惨さに改めて衝撃と怒りがこみあげて、涙が止まらなくなったものです。

資料館の出口に、感想を自由に書きこめるノートが3冊並べて置いてありました。私が訪問したのは午後3時頃でしたが、1冊でもすでにその日の書きこみが100以上あるほど、来場者の皆さんは様々な思いを抱いたのでしょう。

私は「一神教が平和に共存できる世界を創造しましょう」と書きこみました。

それにはどうすれば良いか。Chat GPT（生成AI）に次のように質問してみました。

「一神教の信念から生じる紛争を和らげるために、様々な宗教や信念の神々が平和に共存できる世界を創造するにはどういう行動が必要ですか？」

以下はChat GPTが10秒以内に即答した内容をそのまま記します。

一神教の信念から生じる紛争を和らげ、様々な宗教や信念の神々が平和に共存できる世界を創造するためには、以下のような行動が必要です。

（1）寛容と理解の促進：異なる宗教や信念を持つ人々が互いを尊重し、寛容な態度で接することが重要です。他者の信念や宗教を理解しようとする努力が求められます。

（2）対話と協力：異なる宗教間での対話や協力を促進し、共通の価値観や利益を見出すことが必要です。対話を通じて、誤解や偏見を解消し、相互理解を深めることが重要です。

（3）教育と啓発：宗教間の対立や紛争の原因について教育し、啓発する取り組みが必要です。特に若者への教育が重要であり、寛容な態度や相互理解を育む教育プログラムを推進することが有効です。

（4）共通の価値観の強調：様々な宗教や信念が共有する倫理的な価値観や人権の尊重などの重要性を強調し、共通の基盤を築くことが重要です。

（5）政治的な取り組み：政府や国際社会による宗教間の対話や協力を促進する政策や取り組みが必要です。宗教的な対立や差別を防止し、平和な社会を築くための政策立案が求められます。

（6）これらの取り組みによって、一神教の信念から生じる紛争を和らげ、様々な宗教や信念の神々が平和に共存できる世界を実現することが可能です。

以上がChat GPTが瞬時に無料で出してきた回答です。異なる生成ＡＩからは違う回答が出てくると思いますので、今回得られた内容に個別のコメントはしません。こうした視点を踏まえつつ、本章を読んでもらえればと思います。

いずれにしても、インターネットにつながっていなければ、このような結果を瞬時に得ることはできません。ＡＩ時代における情報格差が生むすさまじい分断を減らすことが、世界の平和共存に不可欠であることの一端が、お分かりいただけるのではないでしょうか。

格差を放置するアメリカ社会

多神教と一神教から生じる差異を痛感したのは、日本とアメリカの格差問題に対するスタンスの違いからでした。

先日、光通信システムの国際標準化の会議で知り合ったアメリカ人の友人と、オンラインで話す機会がありました。彼はアメリカ有数の通信研究所であるベル研究所の出身で、博士号を持つインテリであり、国際会議の進行も紳士的かつスマートな人物でした。20年来のおつきあいで、非常に尊敬する友人のひとりです。

彼と雑談をしていたところで、私はふと気になっていたことを尋ねてみました。

「日本では経済格差解消への関心も高く、取り組もうとする人も多い。だがアメリカは日本以上に凄まじい格差や差別を抱えているのに、なぜこの問題を放置し続けるのだろうか？」

私の問いに対する彼の反応は、日本人の感覚からすると冷淡なものに思えました。

「自分が生き残るためには他人のことを構っていられない。競争に勝った者が豊かになるのは当然の権利だし、アメリカはそういう社会だったから、今さら変えるのは難しいと思う」

日本では、格差や差別を肯定するかのような意見を言うと、人格や教養が劣っている人物だと思われがちです。しかしアメリカでは、社会的にも尊敬を受ける立場にいる彼でさえ、格差問題についてはこのような冷徹な認識でいるのです。

私はそこに、日米間の埋めがたい溝の存在を痛感しました。競争がそこまで激しくない日本社会は、アメリカ以外の多くの国との間にも同様の溝が横たわっていることを知るべきでしょう。

アメリカの西海岸でホテルのベッドメイキングをするスタッフは、多くがヒスパニック系です。東海岸のニューヨークでも、道路掃除をしているのはほとんど非白人です。

そういう格差や差別を前提として、社会が成り立っているのです。

国全体の所得や資産が各家庭にどれくらい平等に分けられているかを示す指標「ジニ係数」を比較すると、アメリカの0・494に対し、日本は0・381となっています（2021年）。ジニ係数は1に近づくほど格差の拡大を表し、一般的には0・5を超えると格差拡大が深刻で是正が必要な水準とされます。

アメリカは日本と違い、所得税率や相続税率が低い、低所得者層に対する支援が乏しい、教育費・医療費の高騰により子どもへの「貧困の連鎖」が起きるなど、社会として格差の固定化を招く要因が複数あります。

企業の給与体系でも、新入社員と社長の給料の差は、アメリカでは千倍になることもザラですが、日本ではせいぜい20倍から30倍がいいところでしょう。日本もすでに「一億総中流」ではありませんが、それでもアメリカ社会の極端な格差に比べればまだ平等といえます。

アメリカの宗教人口の割合は、おおむねプロテスタントが約50パーセント、カトリックが約25パーセント、その他の宗教が約5パーセント、無宗教が約20パーセントとなっています。プロテスタントとカトリックをあわせると、4人に3人はキリスト教を信じているのです。

また、2022年に世論調査大手のギャラップ社がアメリカ人の成人を対象に行った世論調査で、「神を信じる」と回答した人は81パーセントでした。この数字は、前回2017年の調査から6ポイント下がっており、調査を始めてから75年間で最低の水準だそうです。

しかし私たち日本人からすると、「そんなにたくさんの国民が神を信じている」という事実に対する驚きのほうが強いはずです。

それだけ多くの人々が神の存在を信じながら、国内の格差を放置し続けているのは、それが教義に基づく「必然」だと理解されているからなのかもしれません。私はそこに一神教の信仰がもたらす「負の影響」を見るのです。

地球社会がここまで狭くなり、地球市民全体が密に影響を及ぼし合うようになったいま、宗教の教えにも見直されるべき部分がありそうです。

一神教の「正義」がもたらす負の影響

私が考える一神教の「負の影響」とは、

「自分たちの正義を絶対視し、異教徒の正義は制限して当然と考える」

という点にあります。

一神教とは「一つの神のみを信ずる信仰を説く宗教」のことであり、キリスト教、ユダヤ教、イスラム教が代表的です。

一方で多神教とは「複数の神々を同時に崇拝対象としている宗教形態」のことであり、日本の神道や、ヒンズー教、古代オリエントの宗教などがこれに属します。

ペルシャで生まれた世界最古の宗教であるゾロアスター教では、はるか未来に訪れる世界の終末に最高神アフラ・マズダーが行う審判によって、全人類が善と悪に選別されます。そして悪人は地獄に落ちて滅び去り、善人は永遠の生命を授けられ天国に行けるという教えでした。

こうしたゾロアスター教の宗教観に大きく影響を受けたのが、セム系の一神教といわれるキリスト教・ユダヤ教・イスラム教でした。現在、この3つの一神教の信者数を合計すると、世界全体の人口の50パーセントを超えるのです。（出口治明『哲学と宗教全史』ダイヤモンド社より）

現代世界がいかに一神教の影響を強く受けているかが分かるでしょう。

「自分たちの正義を絶対視し、異教徒の正義は制限して当然と考える」という思考は、一神教に通底するものです。

一神教では自分たちの神が唯一ですから、それ以外の神の存在を認めることはありません。そのため、自分たちの教義による正義を実現するためには、異教徒の正義は制限するのが当然になります。

そして神による審判で善悪が判断されるという教えは、「正しい行いをした者が報われ、悪い行いをした者は苦しむのが当然」という思想となり、現世における格差の正当化にもつながってしまいます。

先に紹介した友人のアメリカ人が「競争に勝った者が豊かになるのは当然の権利」と述べたのも、根底には一神教の信仰があるのです。

ましてやアメリカは、キリスト教の中でもプロテスタント（新教徒）によって作られた国です。

プロテスタントの教典である『新約聖書』には、「能力を生かして富を増やし神に寄付せよ」（新約聖書『マタイによる福音書』）との言葉があります。

このようにプロテスタントでは、勤労に励んで富を増やすことは、神の御心に沿うものだと奨励されます。この思想がアメリカを「資本主義の総本山」という地位に押し上げたのは間違いありません。

そして裏を返せば、貧困層は「勤労に励まなかった、神の御心に背いた存在」として見下され、救済の対象として見てもらえないのです。

アメリカ社会の格差拡大は、こうした一神教信仰の「負の影響」が顕在化したものだといえるでしょう。

「人権宣言」と奴隷制が両立する矛盾

仏教学者として名高い増谷文雄は、仏教とキリスト教を比較宗教学の視点から論じた著作の中で、次のようなエピソードを紹介していました。

教会に来た若者に対して、牧師がこのように教えました。

「人間が善を論じ、善を解くなどとはとんでもないことである。永遠の命を得たいとすれば、ただ神の示したまえる厳命を守りなさい」

若者が「私は厳命を全て守っています」と答えると、牧師は続けます。

「ならば、持ってるもの全部売り払って貧しいものに施して、ここにきて自分に従いなさい」

若者は財産をもっていたが、それを捨てることはできずに自分をごまかしてしまいました。良心の前に、私心が立ちはだかっていたからです。

（増谷文雄『仏教とキリスト教の比較研究』筑摩書房より）

このエピソードからうかがえるのは、他者を蹴落として自身の富を追求しながら、

「神に寄付するのであれば許される」と言い訳する自己満足の姿勢です。そうした姿勢があるからこそ、この若者のように、神の教えに素直に従えない人が出てくるのも無理はありません。

1789年のフランス革命で採択された「人権宣言（人間および市民の権利宣言）」は、後の「1791年憲法」の基となりました。

「自由・平等・博愛」の崇高な理想を高らかに謳い、近代市民社会の原理を示し、「アンシャン・レジーム（旧制度）の死亡証書」と評される不朽の文献です。

しかし、世界に先駆けて「人権宣言」を掲げたフランスは、奴隷制と植民地制を最も強く推進した国でもあったのです。

「人権宣言」の第17条には、「所有権は不可侵のかつ神聖な権利である」と書かれていますが、ここでいう所有権には、改宗非白人奴隷を所有する権利も含まれているのです。

フランスだけではなく、ヨーロッパのキリスト教国は、アジアやアフリカなど各地の悪人の異教徒の国に進出し、非白人国王の統治権を無効として、その領地を無主の土地と見なしてキリスト教国家の植民地を建設しました。

「人権宣言」と、奴隷制や植民地制が両立する矛盾。それは異教徒を人間と認めない、一神教の偏狭さが世界史にもたらした暗い影なのです。

キリスト教の正義の「不寛容」

アメリカの大統領は、就任演説の際に必ずといっていいほど「神」の存在に言及します。

歴代大統領の就任演説から、神に言及した主なものを列挙してみます。

ケネディ（１９６１年）：「人間の権利は神の手からもたらされる」
ブッシュ・ジュニア（２００１年）：「神の目的を達成するのはわれわれの義務です」
オバマ（２００９年）：「神の指示で地球を守る」
トランプ（２０１７年）：「私たちは神によって守られている」
バイデン（２０２１年）：「私たちは神の下で不可分なひとつの国民として集まりました」

このように、「神の教えに従う我ら」ということを強調し、国民の一体感を醸成しようとするのです。

そして、敵対勢力を抹殺するときも、「神の教えに従う我らこそが正義である」と宣言します。

ブッシュ大統領は2006年、イラクの元大統領サダム・フセインを死刑執行する際に「正義の名のもとに裁きにかける」と言いました。

オバマ大統領は2011年、テロ組織アル・カーイダの指導者オサマ・ビン・ラディンの殺害を実行した際、「正義はなされた」と自画自賛しました。

バイデン大統領は2022年、同じくアル・カーイダの指導者アイマン・アルザワヒリをドローンによる空爆で殺害した際、「正義は届いた」と発言しています。

独裁者やテロリストを擁護するつもりは毛頭ありません。しかし、アメリカの歴代大統領の発言に漂う、自分たちは神の教えに従う絶対的な正義の側であり、敵対する異教徒は一片の同情を寄せる必要のない絶対悪だという姿勢には、首をかしげざるを得ないのです。

ちなみに、GHQ総司令官マッカーサーは、退役に際して自分を「神が示すところに従い自己の任務を果たさんと試みたひとりの老兵」と表現しました。原子爆弾投下までも「神の意志」というわけでしょうか。

キリスト教の正義がはらんでいる「自己満足」「不寛容」に警戒することは非常に重要です。

「共生」とは程遠い一神教

哲学者の梅原猛は、キリスト教をはじめとした一神教の問題点について、次のように鋭く喝破していました。

〈一神教は他の一神教と厳しく対峙して無用の戦争を巻き起こし、二十世紀に起こった人間の大量殺戮が二十一世紀にはより大規模に起こる可能性すらある。〉

〈一神教は、森が破壊されて荒野となった大地に生まれた種族のエゴイズムを神の意志に仮託する甚だ好戦的な宗教ではないか。この一神教の批判あるいは抑制なしには人類の永久の平和は不可能であると私は思う。〉

（梅原猛『神殺しの日本　反時代的密語』朝日文庫）

敵と味方をはっきりと区別し、「自分たちこそが正義、敵対する者は神の御心に反する悪の存在」と分けてしまう一神教の思考法は、他者に対してどこまでも残酷になれます。

象徴的なのは1537年ローマ法王パウロ三世が、インド人や黒人や新大陸のアメリカ土着民も「ほんものの人間」であると〝おごそかに〟宣言したことです。（『肉食の思想　ヨーロッパ精神の再発見』鯖田豊之、中公新書）。

それでも奴隷制度が廃止されたのは200年以上後の英国1833年、フランス1848年、アメリカ1865年でした

世界史上、最大の宗教戦争として知られる。「三十年戦争」は、1618年から1648年にかけて、ドイツを舞台に繰り広げられた戦いでした。

もとはドイツにおけるカトリックとプロテスタントの対立に端を発しましたが、やがて周辺諸国も巻きこんだヨーロッパの主導権争いに拡大し、断続的ではありますが30年にわたって戦争が続くことになったのです。ドイツの人口はこの30年で1700万人から800万人にまで激減したとされています。

核兵器も戦闘機も機関銃もなかった17世紀でこれだけの犠牲者が出たということは、一神教がもたらした宗教戦争によって「人間がいかに他者に対して残酷になったか」を示す象徴的な出来事といえるでしょう。

また梅原猛が指摘した通り、一神教は自然との共生とも程遠くなります。

砂漠の厳しい環境で生まれた宗教であるがゆえに、自然は共生ではなく征服の対象と

なります。自然を含む万物は神の創造物であるととらえるので、神の意志を受けた人間による自然の征服が正当化されてしまうのです。

豊かな森に囲まれた日本は、「八百万の神」といわれるほど森羅万象に神の存在を見出しました。そんな日本の多神教的な共生の思想と、自然を征服しようとする一神教とでは、大きな隔たりがあるのも無理はありません。

昨今、気候変動をはじめとした地球環境問題が深刻化し、国連が旗を振ってＳＤＧｓを推進しなければならなくなってしまいました。それも元をたどれば、自然との共生とは程遠い欧米の一神教的な考え方が影響しているのではないでしょうか。

宗教観は人口動態にも影響する

どのような宗教を信じるかは、人々のライフスタイルにも大きな影響を与えます。例えば、宗教観と人口動態の関係について、アメリカの州別の人口増加率から考えてみましょう。

２０１０年と２０２０年の国勢調査を比較して、全米50州で最大の人口増加率を記録したのはユタ州でした。アメリカ西部の山岳地帯にあるユタ州は、なんと10年間で18・

37パーセントも人口が増加していたのです。

また、ユタ州の出生率は全米平均より25パーセントも高く、アメリカの中で最も高い州なのです。

少子化が進む先進国の中で、ユタ州の人口が増えている背景には、キリスト教の一宗派であるモルモン教の存在があります。

もともとユタ州は、1847年にソルトレイクシティに移住したキリスト教系新宗教のモルモン教徒によって開かれ、1896年に合衆国45番目の州となりました。

経済的にも比較的安定したユタ州は、他州や諸外国からの移民の流入によってモルモン教徒の割合は減少しつつありますが、それでも全州人口の約6割がモルモン教徒です。

現在もモルモン教の本部は、ユタ州の州都であるソルトレイクシティにあります。

モルモン教は『聖書』の他に『モルモンの書』も正典として扱い、初期には一夫多妻制度を主張するなど（後に廃止）、キリスト教の中でも独特の地位を築いています。

モルモン教では家族の重要性が強調され、多子化も奨励されます。こうした宗教観が人々のライフスタイルを決定づけ、結果として人口動態にも大きく影響を与えているのです。

また、フランスは歴史的にローマのカトリック教会の影響が強い国でした。ただし、カトリック信徒を自称する人の割合は、1981年の調査では約70パーセントもありましたが、2018年時点では約32パーセントにまで減っているといいます。

フランスの合計特殊出生率は1994年時点で1・65にまで落ちこみましたが、2010年には2・03にまで回復したことから、少子化対策の先進国として注目を浴びました。出生率はその後、1・83まで下がりましたが、それでもEU内では最も高いのです。

フランスの少子化対策のターニングポイントになったのは、事実婚（同性婚カップルを含む）も法律婚同様の社会保障を受けられるパートナーシップ協定の民事連帯協約（PACS）が1999年に施行されたことでした。

カトリックの影響が強いフランスでは、離婚に対するハードルが非常に高いのです。日本のような協議離婚制度がないため、法律婚を解消する場合は必ず裁判を経なければなりません。そうした制約があるので、法律婚に踏み切るカップル自体が減ってしまい、それが少子化の要因になっていました。

法律婚の制約を和らげるPACSの導入により、事実婚で子どもを産む人たちが増え、それが出生率の回復につながったのです。

その国がどのような宗教観を持っているかは、人々のライフスタイルを左右し、人口動態にも大きく影響します。

宗教が政治や社会に与える影響をおさえておかなければ、国際情勢を理解できないというのは、こうした例からも分かるかと思います。

イスラム教が世界で台頭している

ドバイでの国際会議の帰り道。空港までタクシーに乗ったので、ムスリム（イスラム教徒）の運転手さんと話をする機会がありました。

「一日に5回、メッカの方向へ向いてお祈りをするというけど、毎日やっているんですか？」

「もちろんやっています。息子はまだできていませんが、20歳までにはできるようにしつけるつもりです」

「それはすごいですね！　でも、一生お祈りを続けるというのは、大変じゃないですか？」

「あなたは、神への祈りを捧げないから、幸せになれないんだ」

こんな感じでズバッと言われてしまいました。

運転手さんとは短い会話でしたが、「ムスリムは日本人とは全く違う考え方を持っている人たちだ」と再認識したものです。

イスラム教は、キリスト教やユダヤ教と同じくゾロアスター教の影響を強く受けたセム系の一神教です。唯一神「アラー」を信じ、神が預言者を通じて人間たちに啓示した聖典『コーラン』の教えを忠実に守ることを信仰の基盤とします。

現在、イスラム教はキリスト教に次いで世界で2番目に信者が多く、18億人から20億人が信奉しているとみられています。ムスリムは世界中で増加傾向にあり、このままのペースで増えていくと2100年にはキリスト教徒を抜いて世界最大の信者数になるとの予測もあるのです。

イスラム教がこのように台頭してきた背景には何があるのでしょうか。

2001年にノーベル文学賞を受賞したイギリス人作家のV・S・ナイポールは、イラン、パキスタン、マレーシア、インドネシアを訪問して多数のムスリムと語り合った経験を綴った著書『イスラム紀行』（岩波書店）で、このように綴っています。

〈彼らの怒り――技術にも、資金にも、世界観にも恵まれない遊牧民の怒りには、理解できるものがある。しかし今や彼らには武器がある。イスラム教だ。それを通して彼らは世界と対等になれるのだ。それが、彼らの嘆きや、無力感や、社会的な怒りや人種的な憎しみを癒してくれるのだ。〉

つまり、アメリカやヨーロッパなどの先進国が帝国主義を振りかざしたことへの反動として、これらの国が自分たちの伝統文化を捨ててまでイスラム教に改宗して抵抗しているというのです。

ムスリムが増えている理由は他にもあります。

まず単純に入信儀式が非常に簡単で、「神様はアラーである」「アラーの預言者はムハンマドである」という2点を信じることを表明すれば、ムスリムであると見なされます。改宗が簡単なようです。

また、イスラム教は戒律で避妊と中絶を禁じています。そのためムスリムの出生率は他宗教に比べて高く、これがムスリム人口の増加につながっていることは確かでしょう。

私たち日本人が触れるイスラム世界の情報や知識は、その多くが欧米によるキリスト教圏のバイアスがかかっています。

日本でも、外国からの移民受け入れの進展などに伴って、ムスリムが急増しています。早稲田大学の店田廣文名誉教授らの調査によると、日本で暮らすムスリムは、2020年末で約23万人でした。このうち日本人や、結婚などで永住資格を持つ人は約4万7000人で、10年前には1万～2万人程度だったことからみると2倍以上に増えています。

またイスラム教の礼拝所「モスク」は、1999年には全国で15カ所でしたが、2021年3月には113カ所となり、7倍以上に増加しているのです。

（『朝日新聞デジタル』2023年5月6日付より）

私も以前、ある会議でエジプト政府の高官と話す機会がありました。

1984年のロス五輪柔道無差別級決勝で、エジプトのモハメド・ラシュワンは山下泰裕が同大会で痛めた右足を狙った攻撃をしなかったというエピソードがあります。

そのことについて私が話題にしたところ、高官は「エジプトの人は例外なくそうするでしょう。目の前で弱い者が強い者にやられていれば、エジプト人は、理由も聞かずに必ず弱いものを助けてから理由を聞くのです」と言ったのです。

私はこの話を聞いて、ムスリムの人たちに対する印象が少し変わりました。そして、国際理解には、正しい情報が大切なことを改めて実感したのです。

世界中で増加するムスリムにどう対処するか。国内・国際情勢を考えるうえでも、イスラム教の知識は重要になってくるでしょう。

神道と仏教、そして「多神教」

欧米が一神教によって立つ社会だとするならば、日本はどのような信仰をベースにしているのでしょうか?

私は「多神教」こそが日本のよって立つ信仰、価値観だと考えています。多神教とは先述の通り、「複数の神々を同時に崇拝対象としている宗教形態」のことです。

日本人の多神教的な価値観は、長い年月をかけて培われてきた「神道」と「仏教」の融合によるものだと私は考えています。

神道とは、日本民族古来の「神」の観念に基づく信仰であり、自然崇拝やアニミズム(自然界の諸事物に霊魂・精霊などの存在を認める信仰)などを特徴としています。

そして仏教とは、釈迦の説いた、仏になるための教えです。人生は苦であることから出発し、修行を実践して解脱し涅槃に至ることを説きます。紀元前5世紀にインドで起こり、日本には6世紀半ばに伝来しました。キリスト教・イスラム教と共に、世界三大宗教のひとつに数えられます。（『デジタル大辞泉』より）

日本では、自然に対する土着の信仰である神道が、人々のあいだにもともと根づいていました。飛鳥時代、朝鮮半島の百済から大和朝廷へと仏教が伝わり、聖徳太子が蘇我馬子らと協力しつつ仏教的な道徳観に基づいた政治を行うようになったのです。

美術史家で東北大学名誉教授の田中英道氏は、神道と仏教というふたつの信仰を日本人がいかに受け入れたかについて、次のように記しています。

〈神道は、家族や共同体を信仰の基本にするものです。みんなで一緒に信仰するものです。これが日本の国という共同体を愛する気持ちを育て、まとまっていく基本になりました。

仏教もはじめは『金光明経』という国家を守護するお経が重視されました。しかし、それだけではありませんでした。聖徳太子は個人が信じることができる宗教として仏教を受け入れたのです。

一人ひとり、考えも悩みも違います。その違いを大事にして、一人ひとりが自分で悟りを開いていく、そういう宗教として仏教をとらえたのです。これは重要なことでした。「共同宗教」の神道。「個人宗教」の仏教。この二つを受け入れることで、日本人の精神は豊かに成熟していくのです。〉

（田中英道『日本国史・上　世界最古の国の新しい物語』育鵬社）

神道に息づくアニミズムは、自然界の森羅万象に神の存在を見い出す、まさに日本特有の多神教の原点です。神道によって、家族や地域、国家という共同体への帰属心も養われていきました。

その神道の土台に、仏教によって個人という概念が加わりました。一神教のように、人間を神の御心に従うだけの存在と位置づけるのではなく、人間が自らの意思で主体的に生きていくことを肯定したのです。

神道に根差す他者と共生する精神と、仏教から発する個人の主体性とが相まって、私を含む多くの日本人の価値観が形成されたと思うのです。

宗教と自立について

日本人と欧米人が、誰かを励まそうとするときにかける言葉は、それぞれの宗教観や人生観が出ていて非常に特徴的です。

私たち日本人は、励ますときには「頑張れ」という言葉を用います。

一方で欧米人は「グッドラック（幸運を祈る）」という言葉を多用するのです。

これらの言葉にも、価値観や人生観の違いが浮き彫りになっていると思いませんか。

「頑張れ」という言葉が表すのは、自分の力で何かを成し遂げることです。日本は多神教の国ですから、自分がどんな信仰を持つかも含めて、自分の人生は自らの理性の責任によって切り開くという考え方が土台にあるのです。

逆に「グッドラック」は、人間の持つ理性の力を信じていない言葉です。誰かを励ますときに、神様が与えてくれる幸運に頼る声掛けをするわけです。そこに、人生を自分の責任で切り開こうという意思は感じられません。

こうした側面を見ると、「一神教を信じる人は真の自立はできないのではないか？」と疑問を持たざるを得ないのです。

日本人の中で、キリスト教徒は対人口比わずか0・83パーセントです（JMR調査レポート2018年版より）。

戦後の占領政策を取り仕切ったGHQ総司令官マッカーサーも、日本人をキリスト教化しようとしましたが上手くいきませんでした。人間自身の理性を信用して生きてきた日本人には、「あなたには理性がないのだから、自分で自分の人生を良くしようなどと考えないで、神の言う通りに生きなさい」という価値観はなじまなかったのでしょう。

日々、自分で自分の人生をより良くしようと切り開いて「頑張って」いる日本人は、他力本願で「グッドラック」が下りてくるのを待っているわけにはいかないのです。

自立できているかどうかは、その人の中に確固たる価値基準が築かれているかどうかで決まります。そのため、自立するには勉強、思考、分析などいろいろな努力が必要ですし、直感的に一朝一夕で成し遂げられることではないのです。

自分の理性と価値観に沿って人生を切り開き、自身を高めていく生き方は、『聖書』や『コーラン』の枠の中で生きている一神教の人々には難しいのかもしれません。

マッカーサーは前述のように、退任して帰国する際に次のような言葉を残しました。「老兵は死なず。ただ消えゆくのみ。神が示すところに従い自己の任務を果たさんとしたひとりの老兵として」

日本の歴史に大きな影響を与えたマッカーサーでさえ、それは自分自身の意思ではなく、「神の示すところ」に従ったまでと言い残しています。

ここにも私は一神教の限界が見えるのです。

価値観を確立して「ひとり敢然と立つ」

最近、特に危機感を覚えるのは、「日本人の宗教に対する関心が薄くなってしまった」ということです。

現代日本で宗教というと、あまり良いイメージがありません。

「国家神道によって、かつて日本は戦争に突き進んだ」

「仏教はお葬式のときに線香をあげるだけで古くさい」

「カルトとか宗教2世の問題とかで大変そう」

日本における宗教論議は、このように表層的な話題だけに終始してしまっている感がありま す。

しかし本来、宗教とはその人間の基礎となるものであり、思考や人生観を形づくる土台でもあります。個人が必ずしも特定の信仰を持つ必要はないと思いますが、日本人として、宗教を学び自分自身の価値観はしっかり持っておかなければ、国際社会での議論に太刀打ちできません。

私が尊敬する先人のひとりに、ジャーナリスト・政治家として活躍した石橋湛山がいます。

石橋湛山は、『東洋経済新報』の記者として、日本軍の植民地政策や戦争の長期化を敢然と批判し続けました。そして戦後は「日中米ソ平和同盟」を主張し政界で活躍。大蔵大臣や通産大臣を歴任し、更に第55代内閣総理大臣も務めました。

湛山は日蓮宗の僧侶を父に持ち、10歳から17歳の多感な時期に山梨県の日蓮宗長遠寺に預けられました。宗教的信念を土台に人格が形成されたことで、徹底した平和主義をひとりで掲げ軍部を批判する強さが培われたのでしょう。

湛山の生涯は、ジュネーブの国際会議の場でイスラム圏（特にイラン、シリアなど）の参加者が、欧米諸国に対してひとり敢然と論陣を張る姿とも重なるのです。

自身の宗教観が確立している人は、「ひとり敢然と論陣を張る」という行動が自然とできるようになると感じます。

逆に、戦前までの日本を軽視する教育で育ち、価値観、人生観も弱い人は思考の土台が定まりません。おのずと議論にも弱腰になってしまいますので、国際会議などの場では技術や知識は語れても、理念、価値観を語るのは難しいのです。

一神教と多神教の意思決定の違い

一神教と多神教では、思考や意思決定のプロセスにも違いがあります。

キリスト教やイスラム教のような一神教を信仰している人は、極論すれば『聖書』や『コーラン』の通りに生きていくことが「正義」だと、最初から結論が決まっています。するど、誰に相談せずとも「ひとりで決める」ことができるわけです（正確には「ひとりで決める」ではなく、「神様に決められている」のですが……）。

キリスト教圏やイスラム教圏の人たちと議論をすると、相手のぶれない姿勢や潔さ、決断の早さ、物事をハッキリと言い切る態度などに感心することが多々あります。会議の場ではそういうパーソナリティの人たちが自然と主導権を握ります。

多神教であり、他者との共生を志向する日本人は、何を決めるにしても悩んだり、誰かと相談したりというプロセスが入るだけ、決断が遅くなる傾向があるのは確かです。

しかし、長所と短所は表裏一体です。

石橋湛山のように、軍部が性急に戦争拡大に猛進する中で、あえてブレーキをかけようとする論陣を張れるのも、多神教的な思考の賜物です。

逆に、一神教の思考は、他者のことを考えなくて済むだけ決断が早く、なおかつハッキリしたものになりがちです。これは一見、優れているように思えますが、その決断の結果として「正義が暴走」したとしても、ブレーキをかける術がないという危険があるのです。また異論を認めないという排他的な傾向もあります。

国際社会で上手に身を処するには、一神教型と多神教型、それぞれの意思決定の特徴、長所と短所を見極める必要があります。

欧米やイスラム圏の人たちと議論する場合には、一神教型の思考回路を理解したうえで、それに負けないようにしなければいけません。

他者を尊重して共生する、自分だけでなく集団の利益を志向するといったスタンスは、SDGsを重視するこれからの地球社会には不可欠な要素となってきます。日本人が培ってきた多神教的な思考のプロセスはそのトレンドに合致していますから、その個性を存分に発揮できる時代がきたといえるでしょう。

一神教の本質は「二元性」

『旧約聖書』の「申命記第17章」に、次のような文言があります。

〈日や月やその他の天の万象を拝むことがあればその悪事をおこなった男子または女子を町の門にひき出し、石で撃ち殺さなければならない〉

神以外の存在、太陽や月などの森羅万象を拝んだ者は、石で撃つべきだというのです。

日本人が元旦に初日の出を見に行き、ご来光に向かって拍手を打って、「家内安全、商売繁盛」と祈る精神とは、程遠いものがあります。


一神教では、自らが信じる正義の実現のためには、異教徒の正義を制限することも当然だと考えます。そのような世界観のもとでは、競争、戦い、差別、格差、そして勝敗が分かれるのは必然です。

一神教につきものである「絶対」という感覚は、物事を「白か黒か」「善か悪か」「敵か味方か」とはっきり区別し、いったん区別された存在は交わることがありません。

いわゆる「二元性（二元論）」の思考に支配されてしまうのです。

ロシアとウクライナ、そしてイスラエルとパレスチナ。一神教を信じる人々のあいだで戦いが起き、世界に暗い影を落としている今こそ、その本質を見据える必要があるでしょう。

日本の禅文化を海外に紹介した仏教学者の鈴木大拙は、晩年、西洋思想の二元性がはらむ問題について、次のように述べています。少し長いですが引用します。

〈西洋文化といえば、ギリシャ、ローマ、ユダヤ的文化の伝統ということになる。その不完全さは、宗教の上に最も強くあらわれる。自分はキリスト教をみだりに非難するのでなく、また悪口するものでない。これは言うまでもないところだが、キ教（著者注：キリスト教）には、二分性から来る短所が著しく見え、それが今後の人間生活の上に何かの意味で欠点を生じ、世界文化の形成に、面白からぬ影響を及ぼすものと信ずる。キ教はこれを自覚して、包容性を涵養しなくてはならぬ。

二分性から生ずる排他性、主我性などは、はなはだ好ましからざる性格である。二分性を超越して、しかもそれを包含することになれば話はわかるが、これがないと、喧嘩が絶えない。〉

〈分割は知性の性格である。まず主と客をわける。われと人、自分と世界、心と物、天と地、陰と陽、など、すべて分けることが知性である。主客の分別をつけないと、知識が成立せぬ。知るものと知られるもの――この二元性からわれらの知識が出てきて、それから次へ次へと発展してゆく。哲学も科学も、なにもかも、これから出る。個の世界、多の世界を見てゆくのが、西洋思想の特徴である。

それから、分けると、分けられたものの間に争いの起こるのは当然だ。すなわち、力の世界がそこから開けてくる。力とは勝負である。制するか制せられるかの、二元的世界である。〉（鈴木大拙『東洋的な見方』角川ソフィア文庫）

一神教の根底にある二元論は、人類の知性や学問を発展させた一方で、その排他性が行きつく先は、力による争いであり分断でしかありません。地球がここまで狭くなったいま、そこに一神教の二元性が持つ乗り越えがたい課題があるのです。

まさに一神教は、宇宙船地球号そのものを壊してしまいかねない「諸刃の剣」といえるでしょう。

日本の多神教的な価値観が世界を共生に導く

それでは持続可能な地球社会を築いていくために、これからの人類はどのような思想を基盤とすべきなのでしょうか。
私は、日本人が持つ多神教的な価値観の存在が、世界から注目されるときが必ず来ると確信しています。
先述の鈴木大拙は、いずれきたるべき「世界文化」に対して、日本人を含めた東洋民族は大いに貢献すべきものを持っていると考えていました。

〈自分の主張では、二分性で人間生活を割り切るべきでない、また割り切れるものでないということを主張し、それから、今後に出来上がるべき世界文化なるものの完全性は、二分性だけでは、どうしても獲らるべきでないと、主張するのである。東洋的考え方、感じ方（それは無意識であっても、何でもかまわない）、それを護立てることによって、二分性文化の不備を補足していかなければならぬのだ。〉

（鈴木大拙『東洋的な見方』角川ソフィア文庫）

一神教の二元性に影響を受けた欧米主導の文明は、あらゆる領域で分断、格差、そして戦乱を招いています。異文化との共生、多様な価値観の共存、自然と人類の持続可能性など、現代世界が直面している諸問題に対して、解決の糸口すらつかめていないのです。

鈴木大拙が述べた、「世界文化」に大いに貢献すべき「東洋的考え方」とは何でしょうか。

〈二分性はけっして絶対的でない。いつも自分を否定して、そして自分に還ってくる。一はそのままで一でなく、二はそのままで二でない。一に即して二であり、二に即して一である。これが不二法界の世界である。東洋的なるものは、いつも、ここから出てきて、また帰ってゆく。〉（前掲書）

東洋的考え方では、「私とあなた」「神と人間」「人間と自然」「善と悪」「敵と味方」というように、はっきりと線を引いて区別するのではありません。対象それぞれがお互いに関係しあって存在するという「不二（二つにあらず）」という概念が重要なのです。

地球環境を例にとって考えると分かりやすいでしょう。一神教的な二元性で考えれば、自然は神によって造られたものであり、神の意思に沿った人間が自然を好きなように征服するのは正しい行いとなります。

しかしそういう考え方でどんどん自然環境を破壊していった結果、人間の生活までもが脅かされているのが現代の地球です。

多神教的な考え方では、「人間も自然の中の一員であり、人間と自然が共生して暮らしていくことが大切」だとなるはずです。現に日本人は2000年以上もの間、そうやって自然と共生しながら暮らしてきました。

そして私自身も、「全体最適」「人間尊重」「競争より協調」「細かいことに一喜一憂しない」という、多神教を土台にしてこそたどり着いたと考えられる4つの価値観を大事に生きているのです。


日本が持つ価値観が顕著に表れた例として、パラオ共和国の歴史に触れておきます。

パラオは1885年にスペイン領になり、1899年、ドイツ領になるまでに、天然痘とすさまじい搾取で人口は約90パーセント減少しました。その後インフラ整備や初等教育すらほとんど行われませんでした。これが欧米の植民地政策の実状です。

1920年に日本の委任統治領になってはじめて、電気や水道、学校や病院、道路など社会的基盤の整備が進んだのです。大東亜戦争時、アメリカとの激戦では、日本軍は事前にパラオ住民を避難させ、そして自軍は壊滅しました。

戦後、アメリカの統治下では食料や物資の援助はありましたが、パラオ国内に産業を興すことはありませんでした。そして1994年に独立したパラオは、現在でも親日国として知られ、日本から最も多くの経済援助を受けているのです。

このようにパラオの歴史を辿ると、日本の「共生の価値観」がいかに稀有なものかが見えてきます。

一神教の限界を超えていける日本人の価値観と理性こそが人類と地球を救う――。

SDGsが大きな課題となっている現在、日本人が持つ東洋的で多神教的な価値観こそが、実は時代の最先端をいっていたことに世界が気づき始めています。

私が情報格差解消を希求してソリューションBIRDの世界展開を進めているのも、地球社会の安定と平和にとって、日本人がなすべき重要な貢献であると確信するからです。

第4章

日本人としての
ルーツを掘り下げて
思考せよ

2700年続いた日本という国

第4章では、私たち日本人のルーツをより深く掘り下げて、世界に誇るべき日本の価値、そして課題は何かを考えていきます。

現在、世界には独立した国家が197カ国存在します。

厳密にいえば日本政府が承認している国は195カ国で、それに日本を加えた196カ国が、日本政府が公式に用いる国家の数です。しかし、朝鮮民主主義人民共和国（北朝鮮）は日本政府が国家承認しておりませんが、国連加盟国でもあることから、社会科の検定教科書等では国の数に含められ、「世界の国の数は197カ国」とされるのが一般的です。

さて、その197カ国のうち、最も歴史の古い国はどこかご存じですか？

中国、インド、エジプト、イギリス……長い歴史を誇る国々の名前が頭に浮かんだのではないでしょうか。

世界で最も歴史の古い国は、わが国——日本なのです。

「記紀」（『古事記』『日本書紀』）によれば、日本の建国は紀元前660年に神武天皇が即位をしたときだとされています。以来、約2700年にわたり皇統によって王朝が継続してきました。一度も国が亡ぶことなく、これほど長いあいだ続いてきた例は、世界広しといえども日本だけなのです。

ちなみに2位のデンマークが約1100年、3位のイギリスが約960年ということを考えれば、日本という国の歴史がいかに長く継続してきたかが分かるでしょう。

哲学者の梅原猛の言葉を紹介します。

〈一つの思想の価値を評価する方法は、古代人と近代人とはちがう。近代人は思想をその独自性において評価する。師の説をそのまま保持する学者、それはどんな偉大な学者であろうと、大した学者でないとされる。独創性がないからである。

しかるに、古代人は思想の正しさをその由来の正しさによって評価する。それがどんなにすぐれた思想であっても、それが何らかの古き由来をもっていない限り、その思想は全く価値がないというのが古代人の考えである。〉

（梅原猛『空海の思想について』講談社学術文庫）

日本が国家を長いあいだ継続できたのは、海に囲まれた島国であり、外敵から侵略されにくいという地理的要因も影響していることは確かでしょう。

しかしそれだけならば、他にも島国は存在します。約2700年にわたり「持続可能な国」を維持し続けた事実は、日本だけが持つオリジナルな価値なのです。

現代はとかく新しいものがもてはやされ、独創性に価値を重く置きがちです。しかし、長い歴史の困難に耐えて継続してきた国家・文明・思想といったものは、それ自体に大いなる価値があるのです。

日本は2700年もの長い間、国家も国民も様々な問題と向き合い、そのつど調整し、乗り越えてきました。それらの蓄積を、日本という社会がより良く持続するための知恵やノウハウとして昇華し、世界一長い文明継続の歴史の中で更に磨き上げ、継承してきました。

日本の最大の強みがその歴史的蓄積にあることを見抜いたGHQは、その牙を抜こうとしたのでしょう。新憲法を制定する際に、「戦前の日本はまるごと悪かった」と決めつけるかのように、「日本文化の伝統を継承する」という核心部分を愚かにも外しました。そして建国間もなく伝統もないアメリカの独立宣言を焼き直して、昭和憲法の前文としたのです。

こうして戦後、失われかけてしまった日本文化の伝統こそ、21世紀の今、狭くなった地球社会を、競争、混乱、軋轢から、共生と持続可能の方向へと導く光だったのです。

ちなみに、伊勢神宮の「式年遷宮」は、20年に一度、宮処を改めて大御神に新宮にお遷りいただくという神宮最大の祭りです。

式年遷宮は飛鳥時代の６９０年、天武天皇のときに始まり、幾度かの中断や延期はありましたが、２０１３年に第62回を迎えるまで１３００年にわたって繰り返されてきました。次回は２０３３年に予定されています。

伊勢神宮の式年遷宮は、まさに日本文化の長い歴史継承の象徴といえるのではないでしょうか。

多神教的な価値観が持続可能性を生む

国の歴史が長く続いたからといって、それだけで価値があるわけではありません。

日本が２７００年間の歴史で培った最大の価値は、狭い国土の中で人々が共存共栄して、持続可能な国づくりを実現してきたことにあるのです。

日本という国が持つ特徴として、多神教的な価値観があることは前章でも触れました。この多神教的な価値観こそが、狭い国土の日本で長い間、人々が共存できた大きなカギでもあるのです。

一神教の世界観では、自身が信奉する絶対神への「正義」のためなら、異教徒の「正義」は制限されて当然と考えられます。信仰が違えば正義も異なりますので、戦いが起こるのは必然であり、その結果としての差別や格差もまた当たり前だと考えられるのです。

しかし、国内において勝者と敗者をくっきりと区別し、差別や格差を放置していては、社会は不安定化します。虐げられる立場に置かれた人々が、いつまでもその境遇に安住しているはずはないからです。

日本人の感覚だと、国内でそこまでくっきりと勝敗を区別できませんし、貧困で苦しんでいる人がいれば助けたいという感情が働くのではないでしょうか。

日本がいくら四方を海に囲まれた島国だからといっても、国内で争いを繰り返していたならば、ひとつの王朝が２７００年も継続できたはずはありません。

「森羅万象すべてに神が宿る」という、日本古来の多神教的な価値観からすると、自分と違う考え方の人々や、自分と違う境遇にある人々とも、共通点を見い出してなんとか仲良くやっていこうと努力してきたのだと私は考えています。

前述の梅原猛は、多神教が人類の共存に果たすべき貢献についてこう綴っています。

〈狭い地球の中で諸民族が共存していくには、一神教より多神教のほうがはるかによいのです。その点において私は、仏教（著者注：多神教に近い）はヒンズー教やアニミズムなどとともに人類の究極的な平和に貢献し、間接的に核戦争の危機を和らげることに貢献すると思います。〉

（梅原猛『人類哲学の創造　梅原猛著作集17』小学館）

2700年ものあいだ、狭い国土の中で人々が共生してきた日本の歴史こそ、多神教が「人類の究極的な平和に貢献」できることの証左ではないでしょうか。

「十七条憲法」が示した共生の思想

604年に聖徳太子が制定した「十七条憲法」は、日本で最初の成文法です。

7世紀初頭に作られたこの十七条憲法は、貴族や官僚など政治にかかわる人の心がけを説いたものですが、この中にも共生や共存の知恵が随所に盛りこまれているのです。

第1条に、〈和を以て貴しとなす〉と記されているのはあまりにも有名です。政治を司る者にとって、みだりに争うのではなくお互いに協力し合う姿勢こそが尊いと、冒頭から大切な原則を掲げているのです。

そして私が特に注目したいのは第10条です。ここには次のようにあります。

〈心の中で恨みに思うな。目に角を立てて怒るな。他人が自分にさからったからとて激怒せぬようにせよ。人にはそれぞれ思うところがあり、その心は自分のことを正しいと考える執着がある〉

〈しかし自分がかならずしも聖者なのではなく、また他人がかならずしも愚者なのでもない。両方ともに凡夫にすぎない〉

〈それゆえに、他人が自分に対して怒ることがあっても、むしろ自分に過失がなかったかどうかを反省せよ。また自分の考えが道理にあっていると思っても、多くの人びとの意見を尊重して同じように行動せよ〉

誰もが自分こそ正しいと考える執着があるが、自分も他人も凡夫なのだから、多くの人々の意見を尊重して行動すべきだ――。このように聖徳太子は説いているのです。「自分が信じる絶対神の言うことのみが正義である」という、一神教の独善性とは正反対にある考え方といえるのではないでしょうか。

聖徳太子は仏教を厚く信仰し、その普及に務めたことでも知られています。一人ひとりに違いがあることを認め、その違いを大事にするという仏教の基本的な考え方を、政治にも敷衍しようとしたのでしょう。それはまさに慧眼でした。

日本美術を世界に紹介したアメリカの東洋美術史家・哲学者のアーネスト・フェノロサは、聖徳太子について〈東アジアの偉大なる創造的な諸聖人に伍する、並はずれた精神の持主〉（フェノロサ『東亜美術史綱』）であると最大限の賛辞を贈っています。

多神教である仏教の思想をベースにした十七条憲法に、すでに日本が誇るべき共生や共存の知恵が脈打っていた事実は、地球社会が持続可能性を模索する現代において再び脚光を浴びることでしょう。

キリスト教宣教師が驚いた日本人の民度

1549年8月15日、カトリック教会の宣教師で、イエズス会の創設メンバーのひとりでもあったフランシスコ・ザビエルが鹿児島に上陸しました。ザビエル一行は世界宣教の使命を受け、インドを経由して日本にやってきたのです。

はじめて日本にキリスト教を伝えたザビエルもまた、日本人の民度の高さや理性的であることなどについて賛辞を惜しみませんでした。

ザビエルは日本人をこのように称賛しています。

〈この国の人びとは今までに発見された国民のなかで最高であり、日本人より優れている人びとは、異教徒のあいだでは見つけられないでしょう。彼らは親しみやすく、一般に善良で、悪意がありません。驚くほど名誉心の強い人びとで、他の何ものよりも名誉を重んじます。大部分の人びとは貧しいのですが、武士も、そうでない人びとも、貧しいことを不名誉とは思っていません。〉

（波田野毅『世界の偉人たちが贈る　新版　日本賛辞の至言33撰』ごま書房）

先述の通り、現在の日本におけるキリスト教徒の割合は、対人口比わずか0・83パーセントにすぎません。

ザビエルら一行も、日本での布教には苦労した様子です。通訳を務めた日本人ヤジロウの尽力がありましたが、そもそも言葉の問題という大きな壁がありました。

それでもザビエルは、日本人の知識欲が旺盛で、質問をしつこくしてくることに感動しました。更に識字率の高さにも驚いたそうです。

キリスト教に対しても、「神が本物ならば、なぜ人間を罪深い存在として生み出したのか？」「なぜ地獄を作ったのか？」など、本質的な矛盾を突く質問を浴びせ、ザビエルは答えるのに苦労したといいます。

大航海時代の当時、キリスト教の宣教師は、西欧諸国による植民地政策の尖兵という性格も帯びていました。

日本は地理的条件もさることながら、名誉を重んじる武士の存在、庶民の知的水準や民度の高さなどを宣教師たちに見せたことにより、「日本は簡単に植民地化できる相手ではないぞ」と思わせたのではないでしょうか。

その後、江戸時代の鎖国政策や禁教令（キリスト教の布教を禁止する命令）によって、日本は西欧の勢力に侵略されることなく、自分たちの国を守り続けました。それによって、長期にわたる安定した平和を享受できたのです。

富の追求よりも大切だった「武士道」

ザビエルは、日本人が貧困を不名誉とは思っていないことにも驚いていました。お金儲けよりも名誉を重んじる、日本の武士の振る舞いにも感嘆していたのです。

なぜキリスト教社会では、貧困を不名誉と感じるのでしょうか。

ドイツの社会学者マックス・ウェーバーは、近代資本主義の成立過程を論じた『プロテスタンティズムの倫理と資本主義の精神』を著したことで有名です。

同書では、カトリックを信奉した国々(イタリア・スペインなど)よりも、プロテスタントの中でも特に改革派とされるカルヴァン主義を信奉したオランダ・イギリス・アメリカなどの国々のほうで、近代資本主義が発展した理由を考察しています。

カルヴァン主義の「予定説」では、最後の審判で救済される人間はあらかじめ決定しています。信者の人々は、「自分は救済されないかもしれない」という恐怖から逃れるために、「救済される人間ならば、神の御心に沿う行動をとるはずだ」と、原因と結果が逆転した論理に従うようになりました。

そのため、一切の欲望や浪費を禁じ、禁欲的に信仰と労働に励むようになったのです。禁欲的な労働の結果として得た利潤は、それが神の御心に沿う行動であったとの確信を与えました。すると人々ますます労働（お金儲け）に邁進するようになり、そのエネルギーによって近代資本主義が発展したのです——。

『プロテスタンティズムの倫理と資本主義の精神』の論旨をごく簡単に要約するとこのようになるでしょう。

こうした論理で動いている社会で貧困に陥ってしまった人は「神の御心に沿う行動をとらなかったからだ」と軽蔑の対象となってしまい、社会が救う必要もなくなってしまうので見捨てられてしまいます。

アメリカ社会で格差が放置されているのも、根底にはこの論理が働いているのでしょう。

ザビエル自身はキリスト教の中でもカトリックのイエズス会の宣教師であり、プロテスタントとは感じ方は違ったはずですが、それでもカルチャーショックを覚えずにはいられなかったのでしょう。

日本がキリスト教による西洋からの「思想的侵略」を退けられた要因に、「武士道」

の存在があると私は考えています。

武士道とは、日本で武士階級を中心に広まった倫理・道徳的規範のことを指します。鎌倉時代から発展し、江戸時代には儒学思想とも結びついて完成しました。後に1899年、新渡戸稲造によって英語で著された『武士道』という書物がアメリカで出版され、世界にもその存在が知られることになります。〈忠誠・勇敢・犠牲・信義・廉恥・礼節・名誉・質素・情愛などを尊重した〉（『デジタル大辞泉』より）とあるように、武士道では自分の独りよがりな欲望が戒められています。

民を統べる立場にある武士が、下々から収奪してお金儲けをすることなく、自ら清貧に甘んじる姿勢も、ザビエルらを驚かせたことでしょう。日本独自の精神性が社会に息づいていたからこそ、外来のキリスト教が上陸しても自分たちのアイデンティティーを失うことなく、国のかたちを保ち続けられたのです。

マズローの「欲求階層論」と日本人の「自己犠牲」

作家で東京都知事も務めた石原慎太郎は、三島由紀夫が自衛隊市ヶ谷駐屯地で割腹自殺をする直前、対談を行っていました。
そのときのエピソードをこう綴っています。

〈対談の主題は『男は何のためになら死ねるか』なるもので、副題『男の最高の美徳とは何か』と言うことだった。話を始める前に三島さんが「それを口にする前にお互いに入れ札しよう」と言いだし、ならばと二人して手元の紙に書き記して差し出して開いてみたら二人とも同じ『自己犠牲』だった。〉（「産経新聞」２０１６年12月19日）

お互いに差し出した紙を見た三島はにっこりと笑って頷き、その後、自ら持参した真剣で居合を披露したそうです。更に石原はこう続けます。

〈男女を問わずに人間にとっての最高の美徳とは己の生命やそれに近い代償を厭わずに払っての献身に他なるまい。〉（同）

たしかに、「世のため人のため」に自分を犠牲にしてでも献身しようという意識は、大なり小なり日本人の多くが備え持っている気質だと思います。

ここで思い出されるのが、アメリカの心理学者アブラハム・マズローが提唱した「欲求階層論」です。1943年に発表した「人間の動機づけに関する理論」において、人間が行動するモチベーションの基礎になる欲求を5つの階層に分けました。

それは、①生理的欲求、②安全の欲求、③社会的欲求、④承認欲求、そして⑤自己実現の欲求です。

このうち①~④は「欠乏欲求」とされ、欲求が満たされないと苦しみや不満に襲われます。これらが満たされてはじめて、「成長欲求」である「⑤自己実現の欲求」を果たそうとするモチベーションが生まれるのです。

更にマズローは晩年、新たな成長欲求として6番目に「自己超越の欲求」というものを追加しました。これは見返りを求めずに社会に貢献したいと思うなど、自分のエゴを超えて他者や社会に尽くそうとする領域です。

重要なのは、マズローが当初提唱した五段階の欲求には、自己超越の概念は含まれていなかったことです。つまり自分を中心とした範囲でしか、人生の目的や行動のモチベーションを考えられなかったのです。

日本人が自然と持ち合わせている「世のため人のため」という倫理観、美徳は、マズローほどの大学者でも最晩年になるまで気がつきませんでした。この事実の重みをよく考えなければいけません。

「世のため人のため」という日本的精神

日本人にとっては、労働も生きがいであり、自己実現・自己超越へのプロセスです。単に富を得るだけでなく、「世のため人のため」に献身している自分自身を実感できる瞬間でもあるのです。

もちろん、それが行きすぎると「やりがい搾取」「ブラック労働」につながりかねませんので気をつけなければいけません。しかし、キリスト教的な贖罪意識による苦行であったり、富を追求する手段としてだけの労働とは異なるのが日本人にとっての勤労です。

個人的な欲望を肥大化させ、自己実現のみを追求する欧米的な人生観とは一線を画し、他者と自分が共存共栄していくところに幸福を感じるのが、日本人の持つ価値観です。それは2700年のあいだをかけて醸成されてきた国民性であり、もはや遺伝子レベルに組みこまれているといっても言いすぎではないかもしれません。

京都大学名誉教授で経済学者・思想家としても名高い佐伯啓思氏は、「日本的精神」

についてこのように綴っています。

〈自由を極端に主張しない。自然権としての平等や人権ということも声高には主張しない。欲望の気ままな解放も主張しないし、競争というものも節度を持った枠内でしか認めない。これが本来の日本的精神です。

調和を求め、節度を求め、自己を抑制することを知り、他人に配慮する。これを、今の世の中で実践するのは非常に難しいことです。

しかし、これら日本的な精神に基づいた価値観を打ち出していく以外に、われわれの取るべき道はありません。それは間違いない。〉

（佐伯啓思『自由と民主主義をもうやめる』幻冬舎新書）

日本的精神とは、個人や自由を極端に主張するのでもなく、平等や人権も主張しすぎない。欲望のままに生きることもよしとしない。競争も節度を保ってやりすぎない。調和や全体最適という、持続可能性にとって非常に大切なものを重んじる――。

日本には幸いにして、諸外国のように自分たちの生存を常に考えなければならない、厳しい歴史はありませんでした。その恩恵として、「世のため人のため」という、世界のどこの国でも広く共有できなかった「ジャパン・オリジナル」といえる美徳を培うことができたのです。

国際社会が協調して、地球の持続可能性を模索しなければいけない今、「世のため人のため」という日本的精神がこれほど求められている時代はありません。

キリスト教の「いい加減な受容」にみる日本の賢さ

江戸幕府はキリスト教に禁教令を出し、鎖国政策を敷いたため、外国人が許可なく入国することはできなくなりました。よって江戸時代はキリスト教は公には認められず、国内にいた少数の信者たちは「隠れキリシタン」として迫害され、秘密裏に信仰を続けていたのです。

こうした状況が大きく変わったのが、1868年の明治維新でした。

欧米列強と肩を並べるべく、明治政府は近代化（西洋化）を急速に推し進めます。その過程で、日本国内でのキリスト教の布教も認められるようになりました。そして、江戸時代以前に日本にきていたカトリックだけでなく、プロテスタントやその他の宗派も、日本での布教を開始したのです。

政府や各府県は、西洋の技術や知識を持った人材を「お雇い外国人」として雇用し、近代化を進めようとしました。その中には、札幌農学校（現・北海道大学）の初代教頭として有名なウィリアム・スミス・クラークもいます。

「Boys, be ambitious（少年よ、大志を抱け）」の言葉で有名なクラーク博士は、熱心なプロテスタントであり、農業教育と並行して学生たちにキリスト教を教えました。クラーク博士の教え子には内村鑑三や新渡戸稲造など、日本のキリスト教史で重要な役割を果たす人物もいました。

このように、明治維新とその後の近代化の過程で、西洋からの知識や技術と共に、キリスト教も日本国内に浸透していったのです。

各地にミッションスクール（キリスト教主義学校）ができたり、クリスマスなどキリスト教由来の文化が入ってきたのもこの時期でした。

時は流れて、１９４１年に大東亜戦争が開戦すると、キリスト教は「敵国宗教」として政府から弾圧されるようになります。仏教など多宗派も同じでしたが、戦争協力に従わないと見なされた宗教団体は特高（特別高等警察）からの弾圧の対象になりました。

１９４５年に日本の敗戦によって大東亜戦争は終結します。日本の占領政策を担った

GHQによって「信教の自由」も認められた日本国憲法が作成され、再びキリスト教も国内で制限なく布教されるようになりました。

敗戦によって自信を喪失してしまった日本国民にとって、「ギブ・ミー・チョコレート」といえば優しくチョコレートをくれるアメリカに対しては、大人と子どものような差を感じたことでしょう。

そのアメリカ人たちが信仰しているキリスト教が、再び日本で受け入れられるようになったのも自然な成り行きです。現在、日本の文化のあらゆるところにキリスト教の影響を見ることができます。

しかし日本人は、キリスト教の信者がわずか0・83パーセントにすぎないことからも分かるように、信仰としてではなく文化としてキリスト教を受容しました。結婚式はキリスト教の教会で催しながら、正月には神社や初詣に行くという、ある意味では「いい加減」な受容の仕方です。

こうしたキリスト教の受容は、日本人の賢明さの表れであったと思います。世界で支配的な地位を占めているキリスト教に対して、敵対するのでもなく、盲信するのでもない。文化として親和性のあるところはとりいれつつ、自国の大切な精神性は守っていく。「キリスト教の信者になるのか、それとも敵なのか」という二分性ではありません。鈴木大拙のいう「不二（二つにあらず）」を認める東洋的考え方によって、西洋を受容して賢くつきあっていく。

これこそが、国際社会における日本の持続可能性を象徴する知恵なのです。

「知識派」の欧米と「理性派」の日本

欧米の一神教と日本の多神教、それぞれの思考様式や価値観をあえて単純化して一言で表すと、「知識派」と「理性派」に分けられます。

「知識派」は欧米の一神教的な思考様式で、「理性派」は日本の多神教的な思考様式です。文字通り、知識と理性のどちらを重んじるかによって分けています。

「知識派」は、問題の解決に際して理性よりも知識を重視します。最終的な決定要因になるのは人間の理性ではなく、「神の御心」であるという考え方が、一神教の世界観の根底にあるからです。

知識とは、現代的には情報やデータベースと言い換えられます。インターネットという世界的な情報通信網を作り上げ、グーグルをはじめとする検索エンジンを世に広めたのもアメリカです。

スマートフォンで個人がやりとりする情報、コンビニや飲食店などでの購買記録、通販サイトの検索履歴、カーナビでの移動情報など、サイバースペースで行き交う膨大な情報はビッグデータとして蓄積され、それを分析することで国家や企業がさまざまに利活用しています。

「知識派」の欧米（特にアメリカ）が、あらゆる知識にアクセスできる手段を追求することは、神の視座に少しでも近づきたいという願望から出てきているのかもしれません。


一方「理性派」は逆に、問題の解決に際して知識よりも理性を重視します。ここでいう理性とは、「人間が自分自身で考える自由」のことを指しています。

フランスの科学者・思想家であるブレーズ・パスカルが、「人間は考える葦である」という言葉を残したのは有名です。

葦とは、水辺に生える細い草のような植物です。自然界における人間は、まさに葦のように、ひ弱な存在でしかありません。物理的な身体能力だけでいえば、多くの野生動物にかなわないでしょう。

しかし、人間は他の動物と違い、頭を使って考えることができます。自分自身で考えること、すなわち理性こそが、人間に与えられた偉大な力なのです。

人間は「知識派」と「理性派」のどちらの立場で生きてゆくべきなのでしょうか？

私はやはり人間の理性を信じる生き方をすべきだと考えるのです。

これまで述べてきたように、知識を重んじて理性を信じられない一神教的な思考様式では、二分性によって何事も「ＡかＢか」と分けて考えます。ビッグデータを分析するように、複雑な事柄を一つ一つ分けて考えて解明する態度は、科学の発展に寄与してきたことは確かです。

しかし、そのような「知識派」の態度は、問題の解決にあたって「部分最適」にとらわれてしまうという落とし穴があるのです。

人間の理性を信じる多神教的な思考様式は、物事をなんでも分けてしまうのではなく、「不二」という概念によってとらえます。それが、複雑化する現代世界の諸問題を解決するうえでの「全体最適」を探るアプローチに通じていくのです。

ドイツの哲学者フリードリヒ・ニーチェは、「創造主の存在を示す理にかなう証拠はない」「神は死んだ」と述べ、科学的・合理的精神によって現世に生きている人間自身を探求することを志向しました。ニーチェが仏教を優れた宗教だと評価していたのも有名な話です。

部分最適に走りがちな欧米の特質を理解し、それに混乱させられない理性の軸を確立することが日本のとるべき針路であり、ひいては現代世界の諸問題を全体最適による解決へと導いていけるのです。

「専門バカ」ではない真の教養が必要

近年、知識人は「専門家」になりすぎました。本来の知識人は、幅広い知識と経験をもとに判断すべきですが、最近メディアやネットで多く見かける「知識人もどき」は、分析的な狭い知識だけをもとに「総合的な知」を必要とする分野にも土足で踏みこんでいます。

こうした専門家ならぬ「専門バカ」は、国際社会の本質も踏まえていません。短期的な利益や便利さといった観点、あるいは欧米からの情報だけによって発言しているだけなのです。

自分たち日本人がどこから来て、どこへ向かうべきなのか——。

それを知らなければ、世界が直面している複雑な問題に対処するのは困難です。

こうした本質を見抜く力を養うためには、歴史、宗教、哲学、そして芸術などといった「教養（リベラル・アーツ）」が非常に大切になってきます。
戦後日本でリベラル・アーツ教育が手薄になった背景を評論家の石角完爾氏が次のように書いています。

石角完爾さんが約15年前、ボストンでタクシーの運転手に「日本の教育はマッカーサーのころと変わらんか。リベラル・アーツを勉強していないだろう」と聞かれました。石角さんが「リベラル・アーツは大学の最初の1年だけ、その後は専門教育です」と答えると、運転手は「マッカーサーの政策の通りだ。それが続いているのはよかった、よかった。そうしないように俺たちが決めたんだ」と話しました。この運転手はアメリカ占領軍の一員で、民政局で働いていたそうです。なぜリベラル・アーツ教育をなくしたのか尋ねると「戦略的で奥深く考える日本人が生まれると困るからだ。戦争を始めるのは軍人ではない。リーダーの受ける教育がリベラル・アーツなんだ」と答えたそうです。石角さんは「運転手の言葉が正しいかどうか分かりませんが、日本のリーダー層の視野の狭さや知的な力の乏しさなど、つまり教養の浅さを見るたびにこの話を思い出します。アメリカの意図通り、日本の知性が弱体化したのかもしれません」と振り返っています。

（石角完爾『アメリカ流　真のエリートをはぐくむ教育力』ＰＨＰ研究所より）

宗教と並んで重要なのは芸術です。

絵画・音楽・文学・漫画などといった芸術作品は、言葉・民族・宗教の壁を越えて世界中からの共感を呼び、人々を結び付けてくれる可能性があります。

いま世界中で、アニメを通じて日本を知り、親しみを感じてくれている若者がどれほどたくさんいることでしょうか。それは、『ドラゴンボール』『Ｄｒ．スランプ』などの作品で知られる漫画家の鳥山明氏が２０２４年3月に急逝された際、世界中から追悼の意が表されたことからも明らかです。

芸術や歴史・哲学・宗教といった教養が教えてくれるものは何でしょうか。

それは、いまこの場所で生きる人々の感性や価値観に影響を与えている、「かつてその時代のその場所に生きた人々」の感性や価値観です。それらを学び、継承することで、人々がよって立つ文化的土壌を知ることができるのです。逆に、文化的土壌を知らなければ、先人の蓄積を無にしてしまいゼロからの再出発を強いられるのです。

また外国に対しても、相手の宗教を知ればその価値観が分かりますし、アメリカが富の追求に走る理由も見えてくるのです。

日本は敗戦後のＧＨＱによる占領戦略によって、受け継がれるべき自国の歴史や文化、価値観や美徳の多くを破壊されてしまいました。その代わりに欧米のキリスト教的文化とその価値観に、良くも悪くも「洗脳」されてしまったのです。

国民全体が受けた敗戦の圧倒的な衝撃からくる思考停止状態の中で、アメリカから差し出された手に夢中でしがみつき、命が助かった安堵感の中で、与えられたものをすべて呑みこんだようなものです。

その歴史的敗戦に由来する混乱がいま顕在化しています。現在65歳以下の世代は、おおむね親が終戦時に成人しておらず、戦前の日本文化を受け継いでいません。その世代が国のリーダーになった令和の時代に、政治・経済・外交・教育といった各方面で弱さや綻びが隠し切れなくなっているのです。

日本が長い多神教の歴史の中で磨いてきた、人間の理性を尊重する考え方、全体最適への志向、「競争より協調」といった価値観を、一神教的価値観に偏重した現代世界でいかに展開していくか。

この大きなテーマに挑むには、小手先だけの知識などでは太刀打ちできません。今の日本の受験勉強との違いがよくわかる例に、フランスの大学入学資格試験（バカロレア）があります。たとえば哲学では〝自分自身で考えることは可能か？〟、〝悪を知らずに悪を行うことは可能か？〟など1問4時間をかけて論述させます。国を守るためにスーパーエリートを育てなければいけないという思いが伝わってきます。日本人に歴史・宗教・哲学・芸術などの教養が、いまほど求められている時代はないのです。

仏教を学ぶ意義を見直す

教養の観点からいうと、仏教に学ぶことは、日本や世界を持続可能に導くための判断、決断、自信をもたらすうえで重要な意味があると思います。

前述の石橋湛山は日蓮宗の僧侶を父に持ち、10歳から17歳まで山梨県の日蓮宗長遠寺に預けられました。そこで学んだことが、湛山の徹底した平和主義のルーツになっているのではないでしょうか。

またカリスマ経営者として名高い、京セラ創業者の稲盛和夫は、4歳から5歳の頃に仏教と出会いました。信念の人として有名だった稲盛は、「世のため人のために尽くすことが、人間として最高の行為である」と言い続け、65歳で臨済宗で得度したのです。

東日本大震災のとき、福島第一原子力発電所の吉田昌郎所長（当時）は、危機的な状況に陥った原子炉の暴走を抑え、自らの命を懸けて日本を救ったと言われました。彼は東工大の機械物理工学科出身で、しかも私が一時所属していたボート部でも後輩であり、個人的にも誇らしく思っています。

吉田所長は高校2年生のとき「般若心経をそらで覚え」て、『正法眼蔵』が座右の書で、福島原発の免振重要棟に持ちこんでいて、お寺巡りが趣味だったそうです（門田隆将『死の淵を見た男　吉田昌郎と福島第一原発の五〇〇日』ＰＨＰ研究所より）。

親鸞は、「万人共通の生きる目的は、苦悩の根元を破り、『よくぞこの世に生まれたものぞ』の生命の大歓喜を得て、永遠の幸福に生かされることである」と言っています。

伝統を引き継ぐことの価値を語らない日本国憲法の前文にそのまま従えば、私たちが到達できる境地もたかが知れています。このことはボディブローのように、日本社会に効いてきている気がしてなりません。

今の日本を各分野で支えている65歳以下の世代は、戦前の日本文化をどれほど受け継いでいるでしょうか。この異常事態を変えるきっかけの一つは、仏教を学ぶことではないかと思うのです。

前述の通り、私は２０２４年5月にＵＡＥのアブダビで開催されたＡＩＭ２０２４に参加し、「ＡＩを活用したインテリジェントな都市の構築」に関するセッションで登壇しました。

私はその場で、ＡＧＩ（Artificial General Intelligence＝汎用人工知能）が今後、世の中を席巻するときの懸念を指摘しました。ＡＩに対しては善意（グッドウィル）を基とする世界共通の価値基準を打ち出すことが必要で、そのためには世界人口の３分の１を早急にインターネットにつなぎ、できるだけ多くが参加できる環境で世界的なコンセンサス（合意）を形成するべきである。そうした前提なくしてＡＩ、特に「強いＡＩ」であるＡＧＩを運用するリスクは甚大である――このように強調しました。

仏教の教えの基本にある「世のため人のため」という価値観を世界が共有し、そしてルール化する必要を痛感しています。

2024年5月　UAEのアブダビ年次投資会議（AIM）
現地の産業先端技術省と経済開発省が支援

第 5 章

「持続可能性」こそ日本が世界で果たす使命

日本人自身が納得できる価値観はあるのか

現代社会は、技術の進歩や情報伝達のスピードが加速したこともあり、新しい価値観の浸透が早すぎて、人間が咀嚼する時間すらないような状況が世界中で起きています。日本がキリスト教をはじめとする西洋文化を受容していった時代は、浸透する速度もそこまで早くなかったので、日本に土着の文化や価値観と折り合いをつけながら受け入れる時間的余裕がありました。

ところが現在は、ＧＡＦＡＭ（グーグル、アップル、フェイスブック、アマゾン、マイクロソフト）などの巨大ＩＴ企業によって、アメリカ型の文明や思考様式がすさまじい勢いで世界中を席巻しています。

こうした流れに対抗するロシアや中国などにより、サイバー領域における「認知戦」が加速するなど、国家安全保障のあり方まで変わってきているのです。日本人も、世界的な情報洪水に流されるままでいるならば、グローバル社会で主体的な役割を果たすことなどできません。

残念ながら日本社会は、己を捨てて公のために働く人が少なくなり、「自分らしく生きたい」「身の丈で生きたい」という人ばかりが増えています。それでいて、「自分らしくとは何か？」を深く考える姿勢は薄れ、富の追求だけがもてはやされるような風潮が蔓延しているのです。

ましてや、日本が地球社会に対して何をなすべきか、日本はどのような貢献ができるのか、日本から発信すべき価値とは何かといった骨太の議論も減っているのです。

〈日本は、アメリカとも、ロシアとも、もちろん中国とも違う、何か別の価値観を打ち出す必要があります。またその価値観は、世界に発信できると同時に、われわれ日本人自身が納得できるのでなければならない。〉

〈アイデンティティとは、静かな確信として、人々の精神の中にどっしりと根をおろし、それを支えてくれるはずのものです。

しかし、どうもそれが今のわれわれにはありません。いや、見失われているように思われます。それはどうしてなのか。そこにはやはり日本特有の事情がある。〉

（佐伯啓思『自由と民主主義をもうやめる』幻冬舎新書）

佐伯啓思氏が憂いているように、日本人自身が納得できるような価値観を、見失ってしまっているのが現状なのです。戦前までの日本を全否定した占領政策の影を払拭し、日本的な価値観を取り戻す必要を痛感します。今こそ、我々日本人がよって立つべき価値観を再発見し、それに基づいて、世界で果たすべき使命を自覚すべきではないでしょうか。

地球社会の「持続可能性」に貢献できる

それでは、日本人自身が納得できる価値観とは何が考えられるでしょうか。

日本が世界に誇ることができ、日本人自身も納得できる価値観とは、政治力でも、経済力でも、ましてや軍事力でもありません。

私はそれを、「地球社会の持続可能性」に見い出したいのです。

長い歴史の中で積み重ねられてきた日本的価値観は、多様性が重んじられる現代において、共存共栄、そして共生しながら持続可能な発展を成し遂げていくうえで、きわめて重要な役割を果たせると確信します。

評論家の加藤周一は、仏教や儒教などの外来の世界観が、日本土着の文化と接触した際、日本がどのようにそれを受け入れていったかについて次のように述べています。

〈土着の世界観が、外来の、はるかに高度に組織され、知的に洗練された超越的世界観と出会ったときに、どういうことがおこったか。第一に、外来の世界観がそのまま受け入れられた場合があり、第二に、土着の世界観を足場としての拒絶反応があった。しかし第三に、多くの場合におこったことは、外来の思想の「日本化」である。〉

（加藤周一『日本文学史序説　上』ちくま学芸文庫）

日本人は2700年という長い年月の中で、異文化との接触に際しても集団が分裂しないで済むように、より多くの人が納得できる全体最適による問題解決の方途を紡ぎ出してきました。

まさにキリスト教を「いい加減に受容」することで、日本の文化に摩擦を起こさずに受け入れたことなどが典型的です。こうした経験が日常の底流に蓄積されてきた日本人は、多様性を受け入れながら持続可能な発展を目指すアプローチには最適な存在といえるでしょう。

ただ、多様性を受け入れる一方で日本は、敵対勢力によって自国が窮地に追いこまれる可能性を予測したり、そうした危機に備えて厳格に対応したりする意識・経験の不足は、欧米などから専門家を呼んで、国として本格的に強化すべきです。

SDGsのトップランナーとなるべき日本

昭和史を題材にした著作で知られる作家の半藤一利が、親交の深かった作家の司馬遼太郎が亡くなる1年前に語り合ったときの模様を振り返っていました。

半藤が「どうすればこの国は立ち直るのですか」と尋ねると、司馬遼太郎は「80パーセント以上の人が合意出来ることに対して日本人が合意し努力すれば、日本はもっとよい国になるはずだ」と答えました。

それは何なのかと問うと、司馬遼太郎はこのように話したそうです。

〈「それはなあ。自然をもうこれ以上壊さない。自然をこれ以上ぶっ壊して、子供や孫たちに魚の住めない汚れた川やすぐに山崩れをおこす禿山を残し、夕日が沈むのを見ても全然美しくない国を残して俺は死んでいけないじゃないか。だからこれ以上もう自然は壊さないことだけはいまの日本人も合意出来ることじゃないか」と言うのです。

「司馬さんね、自然をこれ以上壊さないことは我々の生活の拡大、贅沢さの拡大、それをここでピタッとやめるということですよ」と言ったら、

「勿論そうだ、『足るを以て知る』という言葉があるだろう。つまりもうここで満足、

足るということを国民が知って、知ることによってまだかろうじて残っている自然をそのまま子孫に渡せるじゃないか」と言うのです。〉

（半藤一利『語り継ぐこの国のかたち』所収「司馬遼太郎の遺言」　大和書房）

ふたりの対話がなされた１９９０年代半ばから、およそ30年の歳月が経ちました。

日本も世界も「生活の拡大、贅沢さの拡大」をやめることはできず、地球環境の破壊を続けてきました。その結果が、いま人類が直面している気候変動問題なのです。

国連がＳＤＧｓ（持続可能な開発目標）を採択したのは２０１５年9月のことでした。しかし第1章でも触れた通り、ＳＤＧｓは国連の「地球のことを心配していますよ」というアピールに使われているだけというのが現状です。

ＳＤＧｓで掲げられた「17の目標」を振り返ってみましょう。

①貧困をなくそう／②飢餓をゼロに／③すべての人に健康と福祉を／④質の高い教育をみんなに／⑤ジェンダー平等を実現しよう／⑥安全な水とトイレを世界中に／⑦エネルギーをみんなにそしてクリーンに／⑧働きがいも経済成長も／⑨産業と技術革新の基盤をつくろう／⑩人や国の不平等をなくそう／⑪住み続けられるまちづくりを／⑫つく

る責任つかう責任／⑬気候変動に具体的な対策を／⑭海の豊かさを守ろう／⑮陸の豊かさも守ろう／⑯平和と公正をすべての人に／⑰パートナーシップで目標を達成しよう

このように列挙してみると、自然は神によって造られたものであり人間が征服する対象だと考える、あるいは貧困は「神の意志に沿う行動をしなかったから自己責任」と断じてしまう、一神教的世界観ではＳＤＧｓの実現など不可能だということが分かります。

森羅万象に神の存在を見出した多神教的世界観に生きる日本人こそ、地球環境を守り、「誰ひとり取り残さない」というＳＤＧｓの原則を踏まえながら発展する道を探し出せると確信します。そのビジョンには、日本国民の82パーセントが賛成（最上位）とのレポートがあります。（「Social Sign Report #01」の調査結果、２０２２年4月。ただし実施率は31パーセントで最下位。世界5カ国・6地域、４５００名を対象）

「足るを以て知る」の精神に立ち返りながら、どこの国もできないＳＤＧｓの実現に向けて責任ある立場でリードしていく――。それこそが、いま日本人が大事にすべき矜持なのではないでしょうか。

「GDP信仰」から決別し新たな指標を

ここで私が強く提案したいのは、

「日本は『GDP信仰』から決別せよ！」

ということであります。

GDP（Gross Domestic Product＝国内総生産）とは、〈国内で一定期間（四半期、1年など）に生産された付加価値の総額であり、一国の経済規模を示す代表的な指標〉のことです（『日本大百科全書』より）。

ここでいう付加価値とは、国内における生産額から原材料など中間財の使用額を差し引いた額となります。単純にいえば、サービスや商品を販売したことによる儲けの総額ということになるでしょう。

一般的にはGDPの伸び率を「経済成長率」と呼び、その国の経済成長の度合いとして用いられているのです。

私はこれからの日本の針路は、GDPという単なる経済活動の指標を追い求めるだけでなく、持続可能性への貢献も含めた指標へとシフトしていくべきだと考えています。

GDPの「product」の意味に、社会や持続可能性への貢献を含めてもよいのではないでしょうか。

経済成長よりも、地球の持続可能性こそが人類が直面する課題になっているいま、いつまでもGDPの数値に一喜一憂している場合ではありません。

持続可能性の回復、維持、強化といった、公共性の高い活動やサービスに携わることの価値を、もっと見えやすくする必要があるのではないでしょうか。

現在、公民含めてあらゆる団体が取り組んでいるSDGsは、貢献度を比較する指数とその測定法が統一されていません。「レジ袋廃止」から「核兵器廃絶」まで、あまりにも幅広いアプローチのそれぞれの価値が比較できず、結果として自己満足や「やってますよアピール」に使われてしまっています。国際的な評価基準の策定にまで踏みこんでこそ、国連がSDGsを推進する意味もあると思うのです。

ITUやIEC（国際電気標準会議）などの議論に何度も参加する中で、先進国が経済格差や情報格差の是正にいかに消極的かを痛感してきました。

相互依存が切り離せなくなった地球社会の持続可能性強化に向けて、あらゆる経済活動の優先順位を見直し、「部分最適・競争志向」の欧米的価値観から、「全体最適・協調志向」の日本的価値観への転換をリードしていくべきです。

　その一つのシンボルとして、従来のGDPに加えて「持続可能性に貢献するGDP」を新しい指標と定め、日本が主導権をとりながら策定してはどうでしょうか。

「たかが経済」が世界を支配している現状を、そろそろ変えなければいけません。

「一切を棄つるの覚悟」の範を示す

「世界中の国々がGDP競争に明け暮れている中で、日本だけが持続可能性という違う価値観で進んでいくなどということができるのか？」

　このように疑問を持たれる人もいらっしゃるでしょう。

　そこで私たちが模範にすべきなのが、先にも紹介した石橋湛山です。

　2023年6月、政界に超党派の議員連盟「石橋湛山研究会」が発足しました。設立半年後には会員が約100人にまで増えるなど注目を浴びています。没後50年が経った令和の現在、石橋湛山に学ぼうとする動きが起きているのは、偶然ではありません。

　石橋湛山は1921年7月、『東洋経済新報』誌上に「一切を棄つるの覚悟」と題した社説を発表します。アメリカ主導で行われるワシントンでの軍縮会議（日本への圧力を強める狙いがあった）を前にして、湛山は日本の進むべき道を示したのでした。

〈仮に会議の主動者には，我が国際的地位低くして成り得なんだとしても，もし政府と国民に，総てを棄てて掛るの覚悟があるならば，会議そのものは，必ず我に有利に導き得るに相違ない。たとえば満州を棄てる，山東を棄てる，その他支那が我が国から受けつつありと考うる一切の圧迫を棄てる，その結果はどうなるか。またたとえば朝鮮に，台湾に自由を許す，その結果はどうなるか。英国にせよ，米国にせよ，非常の苦境に陥るだろう。何となれば彼らは日本にのみかくの如き自由主義を採られては，世界におけるその道徳的位地を保つに得ぬに至るからである。（中略）ここにすなわち「身を棄ててこそ」の面白味がある。遅しといえども，今にしてこの覚悟をすれば，我が国は救われる。しかも，こがその唯一の道である。しかしながらこの唯一の道は，同時に，我が国際的位地をば，従来の守勢から一転して攻勢に出でしむるの道である。〉（『東洋経済新報』１９２１年7月23日号）

石橋湛山は、すべての植民地政策をやめて、米英との貿易を重視して日本の経済的自立を図るというビジョンを描いていました。いわゆる「小日本主義」と呼ばれる主張です。

だからこそ、世界に先んじて植民地の「一切を棄つるの覚悟」を表明して、世界における道徳的な意味での主導権を握ることを説いたのです。こうした姿勢には、「グローバル社会の過酷さ、狡猾さをもっと知るべき」という批判が出るのは百も承知です。

しかしこのような立場を取れるのは間違いなく日本人だけです。地球社会の持続可能性に向けて舵を戻す最後のチャンスかもしれないのが今です。そこに日本がチャレンジしないで、誰ができるのでしょうか。それが私の思いです。

明治維新後、欧米列強の後を追いかけて植民地経営に乗り出していた大日本帝国にあって、当局の弾圧を恐れずに発言した湛山に、いまの混迷した国際情勢を乗り越える知恵を求めて議連が作られたのもうなずけます。

今こそ石橋湛山が訴えたように、経済第一主義を捨てて、持続可能性第一主義へと舵を切り、日本が世界を道徳的にリードしていくべきときではないでしょうか。

ウクライナやパレスチナでの大規模な殺戮、専制国家と民主主義国家の対立など、世界は混迷を深めています。更に巨大資本が格差を広げています。欧米先進国は、国内に抱える凄まじい格差を放置し、国外の格差に至っては見て見ぬふりをするばかりです。

日本もまた、最近まで経済格差の拡大、つまり経済的植民地づくりの片棒を担いできたという側面は否定できません。

１７２１年、徳川吉宗が出した新規御法度があります。新しい発明が禁止、新田開発も止められ、衣服や薬なども新しい物を作ってはいけなくなり、輸入品の流通も禁止となりました。

１７９７年、表具《ひょうぐ》師《し》幸吉《こうきち》はハンググライダー状の装置を作って滑空に成功したようですが、新規法度で罰せられ、それを記した書物なども焼かれたという説もあります。持続可能性を取り戻すための「新規」と、持続可能性を損なう「新規」の切り分けの考え方を早急に議論する必要もありそうです。

世界ではじめて有人グライダーで空を飛んだ表具師幸吉
徳川吉宗の「新規ご法度（1721 年）」で罰せられたとされる

近江商人の「三方よし」の商売哲学

ＧＤＰ信仰や経済第一主義から脱却したとしても、それは経済成長やビジネスでの利益追求を一切捨て去るということではありません。そんなことをしては現代の資本主義社会において日本人が生き残ることができませんし、持続可能性もなくなってしまうからです。

いま日本人が立ち返るべきは、中世から江戸、そして明治時代にかけて活躍した近江商人の「三方よし」の哲学ではないでしょうか。

「売り手によし、買い手によし、世間によし」

有名なこの言葉は、大阪商人・伊勢商人と並んで日本三大商人として知られる近江商人の、商売繁盛の哲学として知られています。

商売において売り手と買い手が満足するのは当然のことであり、そのうえで社会に貢献できてこそ本当の「良い商売」といえる、との考え方でした。

近江国（現在の滋賀県）は、古くから北陸道・東山道・東海道などの主要街道が通る交易の要衝であり、中世から商業が活発で、江戸時代に入ると近江商人は日本全国に活動を拡大します。

「近江の千両天秤」という言葉もあるくらい、前後に振り分けた荷物を下げた天秤棒を肩に担いで行商に歩くのが、近江商人の典型的なスタイルでした。

伊藤忠商事の創業者である初代伊藤忠兵衛も近江商人のひとりでした。滋賀大学の宇佐美英機名誉教授によれば、「三方よし」は近江商人の商売哲学を称賛した伊藤忠兵衛の次のような言葉がもとになっているといいます。

「商売は菩薩の業（行）、商売道の尊さは、売り買い何れをも益し、世の不足をうずめ、御仏の心にかなうもの」（伊藤忠商事ウェブサイトより）

こうした精神は現代も日本企業の底流にしっかりと脈打っています。

2024年1月、トヨタ自動車の豊田章男会長も講演でこのように述べていました。

「トヨタにとって、世の中にとって、本当に必要なクルマを第一に考えることができる。そんな人と組織をつくらなければならない」（「トヨタイムズ」より）

近江商人の「三方よし」の哲学に基づいた、持続可能性を備えた日本型資本主義のかたちを、世界に示すべきなのです。

日本の企業・組織の成功と持続可能性を支える「デミング哲学」

先日、私は海上自衛隊の横須賀総監部にて、先任伍長80名を対象にした研修で講演する機会がありました。

海上自衛隊の先任伍長とは、下士官における最高ポストです。船においては「艦長がオヤジ、先任伍長はオフクロ」と呼ばれるように、現場の兵をまとめる立場なのが先任伍長です。一般企業においては「課長」のような立場といえるでしょう。

講演の内容は「デミング哲学について」でした。

アメリカの統計学者、W・エドワーズ・デミング博士らによって開発された、統計学を用いた品質管理（QC）理論のことを一般的に「デミング哲学」と呼びます。

それは、マネジメントの適切な原則を守ることで組織を向上させると同時に、コスト削減や品質向上も実現できるというものでした。

デミング博士はGHQ統計顧問として戦後来日して、日本の経営者たちに自身の管理手法を教えました。デミング博士の教えは、日本の製造業を中心に大いに効力を発揮し、日本製品が世界を席巻する要因となったのです。

私は長年勤めたNTT研究所を退職後、青山学院大学の社会人大学院に通ってMBAを取得しました。そのときに師事したのが、デミング博士の一番弟子であり、カリフォルニア州立大学の教授を23年間務められた経歴を持つ、吉田耕作先生だったのです。

日本企業の経営者のあいだでは広く知られていたデミング哲学ですが、本国アメリカではマイナーな存在でした。デミング博士の晩年の１９８０年代に、アメリカ経済界でも「日本企業の成功に学ぶべき」という機運がようやく高まり、それからデミング哲学が注目されるようになったのです。

きっかけはアメリカのＮＢＣ放送でした。それまでアメリカでは無名だったデミング博士が日本で「製造業の神様」として尊敬されていることを知ったＮＢＣが、「もし日本にできるならなぜ我々にできないのか」というタイトルの番組を１９８０年6月に放送したところ、全米で１４００万人が視聴したのです。

放送から間もなくして、吉田先生がニューヨーク大学の博士課程の指導教官であったデミング博士に、「日本の生産性の根源――競争と協調」という短い論文を送ったところ、デミング博士は「この論文がアメリカを変える！」と感嘆されました。

そこからデミング博士は吉田先生を助手に招き、「デミングの4日間セミナー（１９８６~１９９３）」を全米で開催するようになりました。吉田先生は、デミング博士に日本的な経営の考え方の真髄を伝え、デミング哲学の完成と発展に根源的に貢献されました。

こうして普及したデミング哲学と、そこにプラスされた日本的な価値観を軸にして、１９８０年代からアメリカの製造部門とサービス部門の競争力が共に回復に向かったのです。

日本では製造現場を対象に第1回デミング賞授賞式が行われたのが1951年9月でした。しかし、GDPの約4分の3を占める非製造部門（サービス部門）を対象とした品質管理大会の第1回が開催されたのは1985年11月でした。

このタイムラグが、日本の製造部門とサービス部門の国際競争力の差を生んだことが悔やまれます。

吉田先生からデミング哲学のマネジメント手法を専門的に学んでいた私は、偶然に知り合った海上自衛隊横須賀総監部の香月先任伍長に、デミング哲学の話をしたことがありました。

その彼が、海上自衛隊の護衛艦や組織の運営でもデミング哲学のマネジメント手法を活用できるのではないかと考え、中西幕僚長（海将補）と共に、私の講演を企画してくれたのです。海上自衛隊で私が行った講演は好評を得て、後日、海上自衛隊横須賀地方総監部管理部長名で以下の主旨の礼状を戴きました。

「日本的価値観の再発見に始まりjoy of workの根底にある人間尊重、協調、全体最適、ばらつきの許容について学び、上司・部下とが基本的な価値観を共有するところから自己の成長と仕事への楽しみにつながることを理解する良い機会になったと考えております。また後半のグループワークは問題発掘と問題解決の方法および改善の積み重ねについて、受講者に非常に有益で今後の糧となるものと確信しております」。

デミング哲学による生産性向上メソッド「CDGM」

仕事を進めるうえで有用なデミング哲学の主要なポイントはサービス業・製造業に共通して次の8点にまとめられます。これは、吉田先生の著書『ジョイ・オブ・ワーク―組織再生のマネジメント』（日経BP社）の「デミング14ポイント」から、吉田先生の助手として長く参加したセミナーでの経験に基づき抜粋、整理したものです。

①組織体は仕事の質と効率（生産性）を常に協調的に向上し続けなければならない
②仕事の質が上がれば、不良、不適合が減り生産性はおのずから上がる
③同じ組織体の異なる部門は同じ目的のために協調しなければならない
④仕事の質は評価によって向上するのではなく、従業員に全体最適・協調といった価値観が織り込まれなければならない

⑤それぞれの役割を担う協力先は、長期的な忠誠と信頼の関係に基づき一つにして、不要な競争やばらつきを減らすようにしなければならない

⑥人間の能力は簡単に測れるものではなく、安易な成果主義は止めなければならない

⑦数字や数値目標、スローガンによる経営を止めなければならない

⑧数量だけによる管理や、年次評価や、メリット評価（従業員の個々の能力、業績、貢献度などに基づいて行う評価）等の従業員の誇りを奪い恐怖心を招くような諸障害を取り除かなければならない

このデミング哲学を職場の現場にてチーム単位で実践する手法が、吉田先生が開発した「クリエイティブ・ダイナミック・グループ・メソッド（ＣＤＧＭ）」です。少人数のグループで職場の改善などについての議論をして、ボトムアップで問題解決をしていくのです。

ＣＤＧＭでよく行われるやり方は、まず各グループに大きな模造紙と、ひとり4～5枚のポストイット（7・5センチ四方程度の大きさ）を配布します。1グループに1枚の模造紙を、皆が見えるように壁に貼ります。

参加者は自分のポストイットに、「挨拶がない」「会議が長い」「残業が多い」「在庫が多すぎる」といった職場の身の周りの問題を無記名で書き、それを壁の模造紙にどんどん貼っていきます。

全員で模造紙の前に来て、似たような内容のものを集めて、「職場環境」「職場の安全」「費用の無駄」などのように、いくつかのテーマに分類します。その中で、どのテーマを取り組むべきか議論し、まずは簡単な問題から取り組みます。

例えば「費用の無駄」という問題を選んだとしましょう。

その後、別の模造紙を準備して、「費用の無駄」を減らすための改善策として、「電気の消し忘れ」「会議時間短縮」「在庫削減」「無駄な出張を減らす」といった個別のテーマへの改善策を書いて、可能なことから優先順位をつけて実行してゆくのです。

この繰り返しで、問題をどんどん具体化させながら、参加者の自発的な意見によるボトムアップで、淡々と解決策を模索し実行していくのがCDGMの肝となります。グループとしてメンバーが共有する問題に一緒に取り組むので個人で動くより、躊躇なく、上司への気遣いもなく、ストレートに問題の指摘、解決に取り組めることも大きな利点です。事実、先任伍長から見ればはるかに上位の幹部や幕僚長がその場にいたにもかかわらず、無記名で書いたポストイットには、口頭では言いにくい率直な問題指摘も多くありました。

最も重要なことは、日本的な経営の考え方を遺伝子に持つ「デミング哲学」に沿って解決を図るということです。序列をつけたり、賞を出すことはしませんので問題解決に集中できます。活動の核心を次項で深掘りします。

「全体最適」と「長期最適」を志向したデミング哲学

戦後、日本の製造業の生産性が急速に向上したのは、日本人が長年にわたり培ってきた価値観と、デミング博士の理念や指導法が非常にマッチしたからと考えられます。

特に、「全体最適」と「長期最適」という2点が挙げられるでしょう。

第一に「全体最適」です。

これは「協調」「チームワーク」などの言葉でも言い換えられるかもしれません。個々人がそれぞれバラバラで働いていては、それぞれの能力が高かったとしても、最終的にできあがる製品の品質は保証されません。

グループで協力して、ひとつの目的に向かって意見を出し合い、献身的に働く。個々の人間同士やグループ同士が競争し合うのではなく、協調し合う。まさに日本が培ってきた「和」の精神に基づいた、全体最適をめざすアプローチは、デミング哲学と通じ合うのです。

第二に「長期最適」です。

株主の発言力が強いアメリカ企業では、四半期ごとの決算で経営陣が厳しく評価されるため、短期的な利益を追求せざるを得ません。経営者や各部門のリーダーも、人事評価を気にしたアピールに終始して、長期的なビジョンに基づいた重大な決断はできなくなってしまいます。

長期にわたる高成長を見越した経営を行えたことで、日本は戦後の高度経済成長を成し遂げられました。逆にアメリカ企業はその点で日本企業の後塵を拝することになったのです。

デミング博士はこのように述べました。

「経営者は、従業員から不安の念とか恐怖の念を取り除かねばならない」

この思想はまさに、１９９９年にハーバード大学のエイミー・エドモンドソン教授が提唱し、近年のビジネス界では常識になっている「心理的安全性（どのような発言をしても拒絶されず、罰せられることなく、チーム内は安全であるとメンバー全員が共通に考えている状態）」に直結するものであります。

日本人が長い歴史の中で醸成してきた「全体最適」「長期最適」を重視する価値観に、世界経済のトレンドがようやく追いついてきたともいえるのではないでしょうか。

１９９３年のデミング博士の没後、日本的価値観を纏ったデミング哲学を軸に吉田先生が開発し、カリフォルニアのサクラメント福祉局で始めたセミナーが、現在のＣＤＧＭの原型となっています。

日米両国でこのように花開いたデミング哲学の現代的な展開は、日本的価値観が世界に貢献できるひとつの実証になりえるものと確信しています。

核シェルター普及率に見る自己防衛意識の低さ

ここで、やや角度を変えて国防に関する話をします。

日本の多神教的な考え方は、異文化や異民族と共生していく現代世界のトレンドに合致した美徳であることはこれまで述べてきた通りです。

しかし、その特徴は厳しい国際情勢においてマイナスに働くこともあります。ロシアによるウクライナへの侵攻、イスラエルとパレスチナの紛争などを見るにつけ、戦争の脅威はすぐそこにあることを痛感します。世界の現実は「殺られる前に殺る」という切羽詰まった状況なのです。

「平和ボケ」してしまった私たち日本人にはその脅威が想像しがたく、「どんな相手でも話せば分かる」「外交努力をすれば戦争は起きない」など、呑気な幻想ともいえる言説が大手をふってメディアに踊っています。

国家的な自己防衛意識と危機管理能力の低さは、日本が持つ美徳と表裏一体の課題といえるでしょう。

その端的な例が、核シェルター普及率の低さです。

核シェルターとは、戦争が起きた際に、人間が一時的に入って攻撃を避けて生き延びるための空間です。放射能、化学兵器、生物兵器も100パーセント遮断できることが現代では求められています。

各国の人口あたりの核シェルター普及率を見てみると、スイスとイスラエルが100パーセント、ノルウェー98パーセント、アメリカ82パーセント、ロシア78パーセント、イギリス67パーセントとなっています。
そして日本は、わずか0・02パーセントという極めて低い数字なのです。
（NPO法人「日本核シェルター協会」2014年の調査より）

ちなみに、普及率100パーセントのスイスでは、1962年に米ソ冷戦下で起きたキューバ危機を受けて、翌63年には全戸に核シェルターの設置を義務づける連邦法が成立しているといいます。

このスピード感と徹底ぶりこそが、世界標準の危機管理意識ではないでしょうか。

日本は近隣にロシア、中国、北朝鮮という核保有国が存在します。この3国はいずれも実質的な専制主義国家であり、日本をはじめとした西側諸国（民主主義陣営）とは価値観の共有が難しい国々です。

北朝鮮に至っては、日本の上空を通過し排他的経済水域（EEZ）に着水するような弾道ミサイル発射を繰り返し続けています。

こうした状況下で、核シェルターの普及が国民的議論にもなっていないというのは、致命的な事態ではないでしょうか。

ちなみに、私の専門である通信分野でいえば、核兵器の恐ろしさは地面で爆発した際の多大な犠牲だけではありません。

「高高度核爆発（High Altitude Nuclear Explosion, HANE）」という言葉をご存じでしょうか?

高高度核爆発とは、高度数十キロ以上の高層大気圏での核爆発を指します。高度が上がるにつれ、大気が希薄になり爆風は減少します。その代わり、核爆発のエネルギーは電磁パルス（ＥＭＰ）となって広範囲に及びます。高高度核爆発は、ＥＭＰの影響によって、電力インフラストラクチャーや通信・情報機器の機能停止を狙うのです。

高度１００キロでの高高度核爆発で、日本全土の通信や情報機器等がＥＭＰによって機能停止します。国や自治体、自衛隊や警察・消防、そして医療機関といった、国民の生命を守る機関も機能がマヒしてしまうでしょう。復旧までに、食糧不足や病気などで数百万人が死亡するというシミュレーションもあります。

核ミサイルは目標地点までの精密な誘導が必要になりますが、高高度核爆発によるＥＭＰ攻撃であれば、敵国上空で爆発させればいいだけですので、技術的には容易になります。現に北朝鮮の朝鮮労働党機関紙は２０１７年9月3日にＥＭＰ攻撃を〝できる〟と主張しました。

核シェルター整備や高高度核爆発への備えは、国民の生命を守る喫緊の課題として日本は早急に取り組まなければいけません。

「性善説」と自己防衛意識の両立を

私が顧問を務めている米コーニング社の人から、アメリカのある小学校の、水泳の授業について聞いて驚いたことがあります。

その小学校の水泳の授業では、生徒はただ泳ぐだけでは許されません。泳げるようになった生徒は、まず片手を縛った状態で泳がされます。それがクリアできれば、次に両手を縛る。更に次には両手と片足を縛って泳がせる……。

もちろんこの段階までくると、まともに泳ぐのは難しいのですが、それでも生徒たちは自由な片足を必死に動かして、少しでも浮かび上がって進もうとするそうです。

小学校のときから、単なるスポーツではなく、「自分の命を守る手段」として水泳を教えているのです。あえて自分を窮地に追いこんだうえで、その状況に対処するという訓練を積んでいるわけです。

教育におけるこうした蓄積があるからこそ、生き馬の目を抜く国際社会をサバイバルしていく強さや自己防衛意識、危機管理能力が身につくのでしょう。

日本国憲法は、敗戦後にGHQ主導で作成されたものであり、いろいろと課題があることはこれまでも述べてきました。

その前文にはこのようにあります。

〈日本国民は、恒久の平和を念願し、人間相互の関係を支配する崇高な理想を深く自覚するのであつて、平和を愛する諸国民の公正と信義に信頼して、われらの安全と生存を保持しようと決意した。〉

日本人はとかく憲法を普遍の真理が書かれた「聖典」であるかのようにとらえがちですが、昨今の国際情勢からこの前文だけをみると、いささか「性善説」にすぎると感じずにはいられません。

通信、交通などの発達で狭くなった地球では、日本の常識とは全く異なる論理で動く他国とせめぎ合って生きていかなければいけません。こちらが隙を見せれば、力づくでも領土や資源を奪い取ってやろうとする勢力が、虎視眈々と日本を狙っているわけです。

日本人として、地球社会全体の平和を願い、持続可能性に基づいた行動をすることは、計り知れない価値があります。それはまさに前文に書かれた「恒久の平和を念願し、人間相互の関係を支配する崇高な理想を深く自覚する」がゆえの行動です。

その理念と、自国の「安全と生存を保持」するために必要な備えをしたり、自己防衛意識を高めたりすることは、決して矛盾せず両立できるはずでしょう。

日本人がグローバル時代をたくましく生き抜くためにも、自己防衛意識や危機管理能力を高めていく戦略を望むものです。

第 6 章

世界の情報格差解消へ向けた挑戦

ソリューションＢＩＲＤとは何か

地球社会全体の持続可能性を高めるために、日本人は何ができるのか――。

その問いに対するひとつの答えが、私が実践しているソリューションＢＩＲＤです。

ソリューションＢＩＲＤは、世界の情報格差解消の手段として私が考案しました。

一般的に、途上国のように通信インフラが未整備の地域や、山岳地帯のように難しい地形には、高いコストをかけて有線通信網を整備するよりも、無線（固定無線か衛星通信）を利用することが多いのです。

しかし、無線と有線では送信できる情報量が圧倒的に違います。約０・１ミリの光ファイバー１本で送信できる情報量は、無線の１０００倍以上にものぼります。１本の光通信ケーブルに光ファイバーを数十本入れることができますので、送信できる情報量は無線より圧倒的に多いのです。

光ファイバーを敷設するネックになるのは、多大なコストです。電柱を立ててケーブルを架空に設置したり、地面を１・５メートルも掘ってケーブルを地中に埋設したりするには、いずれも重機を使った大規模な工事が必要で、多大なコストがかかってしまうのです。

そのため途上国の多くの地域では、通信容量に制限のある無線を用いて電話やSMS（ショートメッセージサービス）を使うのが精一杯でした。

通信インフラがない地域に住んでいる人々は、世界人口の3分の1に達します。それ以外の無線通信だけに頼っている地域の多くでも、今後、通信容量の制約や、保守、管理の難しさが問題化してくるはずです。

ソリューションBIRDは、こうした問題を解決するための画期的な手法です。

私はNTT研究所とNECの海底ケーブル事業部、そして世界最大の光ファイバーメーカーのコーニング社で、光通信を専門とする技術者として約30年間働いてきました。その間、海底光ファイバーケーブルを敷設する装置の開発や、光通信の国際標準を作る仕事にも携わってきました。

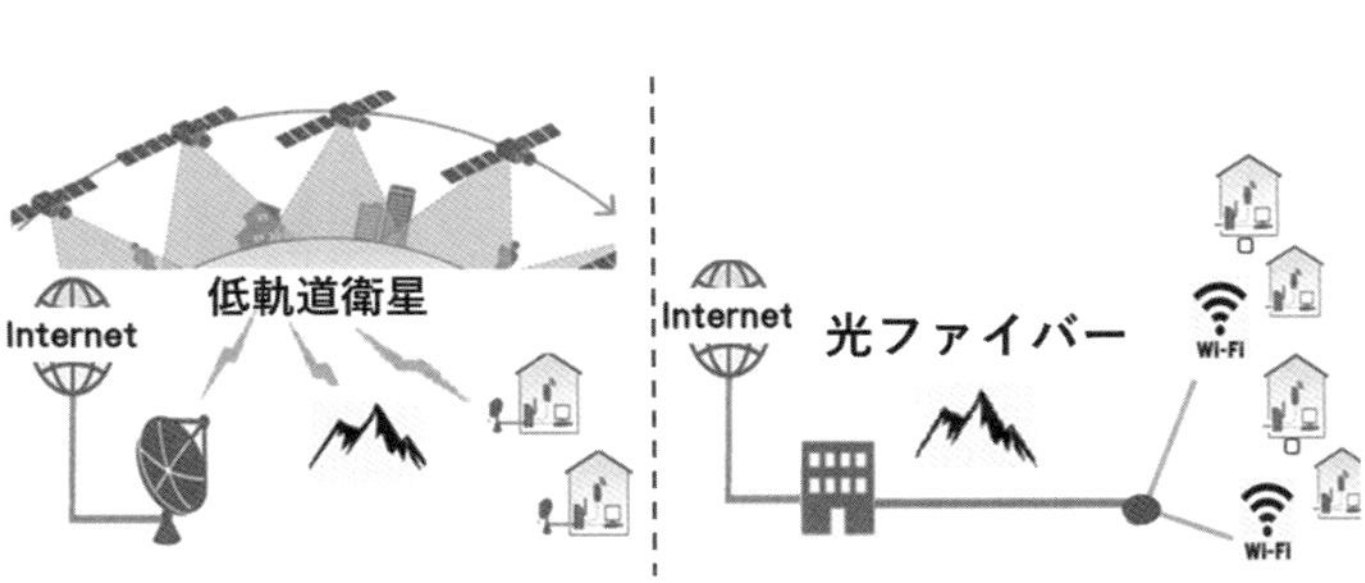

エンドユーザーまで（例えばWi Fiまで）の回線は光ファイバーか低軌道衛星か

強大な水圧にさらされる海底ケーブルは、きわめて耐久性が高くできています。強靭な海底ケーブルなら、地表に剝き出しに置くだけでも十分な機能を発揮できます。それなら、山岳地帯やジャングルといった厳しい地形や、大掛かりな工事をする財政的余裕がない貧しい地域にも光ケーブルを低コストで敷設でき、通信環境を構築できるのではないか――。

このように閃いたのが、ソリューションＢＩＲＤの始まりでした。

「憎しみの連鎖」を断ち切る使命

日本の自己防衛意識について課題があることを述べましたが、これは決して「日本が戦争をする国になる」ことを志向するものではありません。

昨今の国際情勢の変化を見たうえでの、国民の生命と財産を守るためのやむを得ない措置も必要だという、現実的認識であります。

とりわけ軍事や国防といった面からすると、日本の立っている足場はきわめて特殊です。

大東亜戦争でアメリカ・イギリスと敵国として激しく戦い、そして破れました。あの戦争でのわが国の犠牲者は、300万人を超えています。そしてただ敗戦しただけでなく、アメリカから2度にわたり原子爆弾を投下され、人類史上唯一の被爆国となったのです。

それだけの犠牲を負いながら、戦後の日本はアメリカに対してテロを起こすこともなく、GHQの占領政策にもなんとか穏便に従ってきました。

日本国憲法を実質的にGHQが制定したのは、占領地の現行法を尊重するという国際法上の原則に反します。ハーグ陸戦法規第43条に「占領地の現行法律を尊重」とあるからです。それでも、日本国憲法は一度も改正されませんでした。

被爆国でありながらアメリカの「核の傘」に守られる矛盾を抱えつつも、憎しみや復讐心と折り合いをつけながら、日米同盟を堅持し、平和を守ってきたのです。

こうした特殊な立ち位置と稀有な経験をしてきた日本だからこそ、一神教の国々が越えられない「憎しみの連鎖」を断ち切る使命があるのではないでしょうか。

同時に、国際社会の過酷な現実を見すえつつ、性善説と性悪説の両方を戦略的に使い分けられるようなしたたかさも、これからは必要になってくるでしょう。

日本は、たかが経済のひとつの指標であるGDPで一喜一憂するのでなく、地球社会全体の持続可能性を高める方向へとリーダーシップをとっていくべきです。

ロシアとウクライナ、イスラエルとパレスチナの争いで、一神教的価値観の限界が露呈したいまだからこそ、多神教的価値観の日本の存在意義が高まっています。

全体最適と長期最適を実現するために理性を最大限に働かせ、そのうえで平和を希求してきた日本こそ、「憎しみの連鎖」を断ち切って真に持続可能な地球をリードしていく使命があると確信するのです。

ソリューションBIRD「3つの特徴」

ソリューションＢＩＲＤの特徴は、次の３つの要素です。

① 経済性や実現可能性を最優先する中で、受容できないリスクは排除する
② 海底ケーブルを、強靭さを保ったまま細く軽くして陸上で使用する
③ 強靭で細く軽いケーブルを、重機を使わずにＤＩＹ（Do It Yourself＝自分自身で行う）で地表に置くことも許容し、安価で簡単・迅速な敷設工事を実現する

こうしたソリューションの必要条件を、国連の専門機関であるＩＴＵへの対応を決める国内委員会（総務省傘下）で「国際標準にしたい」と提案したところ、日本のケーブル産業界を中心に「信頼性が確保できないからありえない」「常識破りだ」などと強く反対されました。

しかし、国内の合意をとれないからといって諦める私ではありません。情報格差の解消は国益の問題ではなく、国際社会全体の利益の問題です。私は国内委員会から一足飛びに、ＩＴＵの国際標準化会議に提案書を出したのです。

情報格差解消に向けた光ケーブル技術の標準化が、如何に重要かということを、粘り強く訴えました。自らＩＴＵ勧告草案を執筆してジュネーブで議論を重ねた結果、当初は途上国政府と英国の私企業の賛同、そして中盤からはアメリカの強い賛同が広がり、合意に至ることができたのです。

そして、２０１６年、17年、18年に３本の勧告草

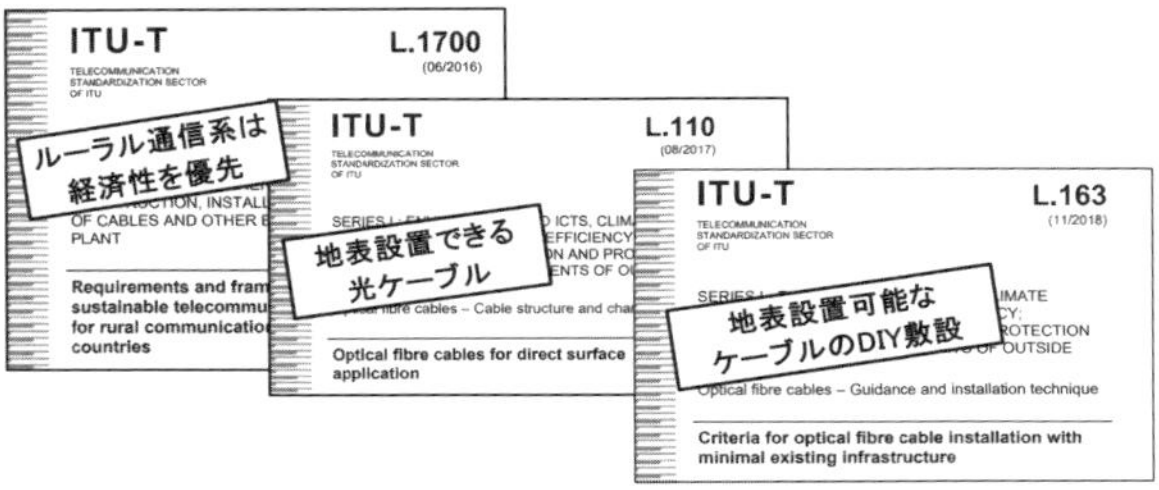

ソリューションBIRDの要件を規定したITU勧告
ITUの開発部門に、ルーラル通信の分野で
最も人気で有用な勧告と評価された

案が合意され、私のソリューションＢＩＲＤを実現するためのユニークな必要条件が、晴れて国際標準と認められたのでした。

改版を重ねた草案がジュネーブで最終合意され、第15委員会のトラボリッジ議長（アメリカ）が壇上で木槌をコンと打ち「この勧告がミスター岡村をエベレストに連れていくはずだ」と異例の祝意を述べてくれました。

会議に参加していたアフリカの代表2人が私のことを「ピガナージ（スワヒリ語で「戦士」の意）」と称賛してくれたことは今でも忘れられません。

世の中の仕組みを変えるアプローチ

「世界を変える」という勇ましい掛け声をいたるところで聞きます。

でも、実際にその一歩を踏み出す人はごくわずかです。

私自身は長年勤めた会社を退職した「第二の人生」において、「世界の情報格差を解消する」という志を持つに至り、行動を続けてきました。

世界を変えるには大きく二つのアプローチがあります。

①　従来の仕組みの中で改善に努力する
②　世の中の仕組み自体を変える

私が取り組んでいる国際標準化、そしてソリューションBIRDは、２番目の「世の中の仕組み自体を変える」というアプローチにあたります。新しいコンセプトの技術や、その新技術を国際標準化することは、世の中の仕組みや常識自体を変えることに相当するからです。

そもそも標準化とは〈材料・設備・製品などの仕様、作業方法、業務手続などの標準（いわゆる、規格や測定基準）を合理的に設定し、活用するための組織的な行為〉のことを指します（『日本大百科全書』より）。

世界のグローバル化により、ヒト・モノ・カネが国境を越えてすさまじいスピードで行き来する時代になりました。更にインターネットの普及で、世界中どこにいても情報が瞬時にして手に入れられる世の中になった――私たちはそう錯覚しがちです。

しかしそれはまだ先進国に限った話だという現実を認識しなければなりません。多くの途上国では、いまだ情報通信技術の恩恵を受けられていないのが実状なのです。そしてブロードバンドが一般的になった先進国との情報格差は広がる一方なのです。

ソリューションＢＩＲＤは、世界人口の３分の１（26億人）を、安く早くインターネットにつなぎ、情報格差を解消するためのアプローチとして最適であると自負していましたが、前述の通り日本のケーブル産業界からは猛反対に遭いました。

それは、日本企業特有の「絶対に安心できるものでなければ実行しない」という悪癖があらわれた顕著な例です。

しかし国際標準では「安全とは、絶対安全でなく、その時代の社会の価値観と状況から許容できないリスクがないこと」としています（ISO/IEC Guide 51, Edition 3, 2014）。従来の光ケーブルは、地下や架空に安全第一で設置されてきましたが、それでも白アリ、モグラ、ネズミ、リス、クマゼミ、キツツキ、モモンガなどに壊されることがありました。

しかしソリューションＢＩＲＤで用いる光ケーブルは、ステンレスの分厚い溶接チューブで光ファイバーを密閉するユニークな構造ですので、たいていの野生動物に噛まれても壊れない耐久性があります。ライオンでも歯が立たないかもしれません。人間が大きな斧で強く切ろうと思えば通信障害は起きるでしょう。

ブロードバンド環境がない途上国の奥地にとっては、地表に置いただけのケーブルが、人為的に壊されて通信がつながらなくなるリスクがあったとしても、安価で手軽にＤＩＹで通信網を形成できるベネフィット（利益）のほうが上回ります。

しかも、つるはしで浅く埋めたり、危険な箇所は避けて置き直すなど、地元住民のＤＩＹによって安全性を高められる点も評価されて、途上国からソリューションＢＩＲＤが歓迎されたのでした。

下の写真は２０１９年ネパールの首都カトマンズの繁華街の電線です。日本の常識と違う世界の一例です。

情報格差解消という地球の全体最適と持続可能性を実現できる。

ひとりで始めたプロジェクトでも世の中の仕組みを変えられる。

こうした点も、ソリューションＢＩＲＤが世界に示した価値だと自負しています。

ネパールの首都 カトマンズ市街の通信ケーブル
無秩序で乱雑なケーブル設置の様子

国際競争力の低下と「自国に対する誇り」

日本には世界に誇るべき価値観や伝統が脈々と受け継がれているにもかかわらず、国際競争力という点では弱くなる一方の現実があります。

私の専門である通信の分野でも、国際競争力の低下は顕著に表れています。

経済安全保障担当大臣の高市早苗氏がこのような危惧を述べていました。

〈日本が既に国際規格登録を終えていた光ケーブルのコネクターについて、中国は2020年10月に日本製品を微修正した仕様を国際規格として登録申請している。審議継続となったが、2021年8月現在、中国規格が正式登録される可能性が高い状況になってしまっている。〉(高市早苗『美しく、強く、成長する国へ。私の「日本経済強靭化計画」』ワック　2021年9月)

この箇所を、光ケーブルのコネクターの標準化を議論しているIECの国内委員会で紹介したところ、ある技術者から「どこから高市さんに情報が漏れたのでしょう……」という不満の声が述べられました。

自国がこれまで培ってきた技術が中国に横取りされ国益を損失するかもしれないという、経済安全保障の観点からの危機意識が感じられませんでした。

第1章で触れた通り、「自国に対する誇り」が最も低い国となってしまった日本。その弊害は、軍事的な意味での国防のみならず、技術面での国際競争力の低下も招いてしまっています。

NECではインドに1カ月ほど滞在して新入社員研修を行っていた時期がありました。研修に参加した新入社員たちは皆、「自分たちと同世代のインドの若者が、こんなにもアグレッシブなのか」と強烈な刺激を受けて帰ってきたそうです。このような研修が増えて欲しいと思います。

技術者として、日本の国際競争力の低下を座して見ているわけにはいかない。それに、地球の持続可能性に対して、我々日本人が先頭に立って模範を示すべきだし、日本にはその力と責任がある――。

そんな思いもあって、私は「ソリューションBIRD」による挑戦を、ひとりのシニアの立場から始めたのです。

ソリューションＢＩＲＤの価値

私が進めているソリューションＢＩＲＤの普及が更に加速すれば、世界はどのように変わっていくのでしょうか。

ソリューションＢＩＲＤは、海底光ファイバーケーブルを強靭なまま細径にして軽量化して、地表に置くだけですから、大規模な工事も必要ありません。

ケーブル設置の初期コストは、従来の工法と比較しておよそ10分の１になります。圧倒的に安価で敷設できることは、２０１９年までにヒマラヤとモンゴルで実証できました。

ケーブルを敷設してからも、現地の人たちによるＤＩＹ的なやり方で維持補修が可能ですから、ランニングコストも安価で済みます。

それでありながら、ＩＴＵの国際標準規格を満たす形を整えたので、インターネットを提供する情報インフラとして、どんな途上国でも採用できる折り紙付きです。

実際のソリューションＢＩＲＤの運用としては、まず地域限定で、イントラネットを各地域に個々に構築するところからスタートします。そこでは例えばＬＡＣＳという自立形の Wi-Fi ホットスポット装置を使います。

次に、山や谷を越えて隣の地区に置いたＬＡＣＳ同士をソリューションＢＩＲＤのケーブルでつないで広域イントラネットを構築します。

そしてある時点で、どこかのホットスポットを一カ所だけ、インターネットにつなぐことで全体がインターネットに繋がるという形で、ボトムアップ型でステップ・バイ・ステップ（一歩ずつ着実にことを進める）のアプローチをとっていくのが最適だと考えています。

２０２３年3月にケニアの通信省でソリューションＢＩＲＤのプレゼンを行いましたが、この「ボトムアップ」「ステップ・バイ・ステップ」というアプローチに対して、聴衆から賛同と称賛の拍手があがったのは印象的でした。ケニアの国策や国情に、非常にマッチしていると言うのです。

経済的な制約から通信環境が整わなかった途上

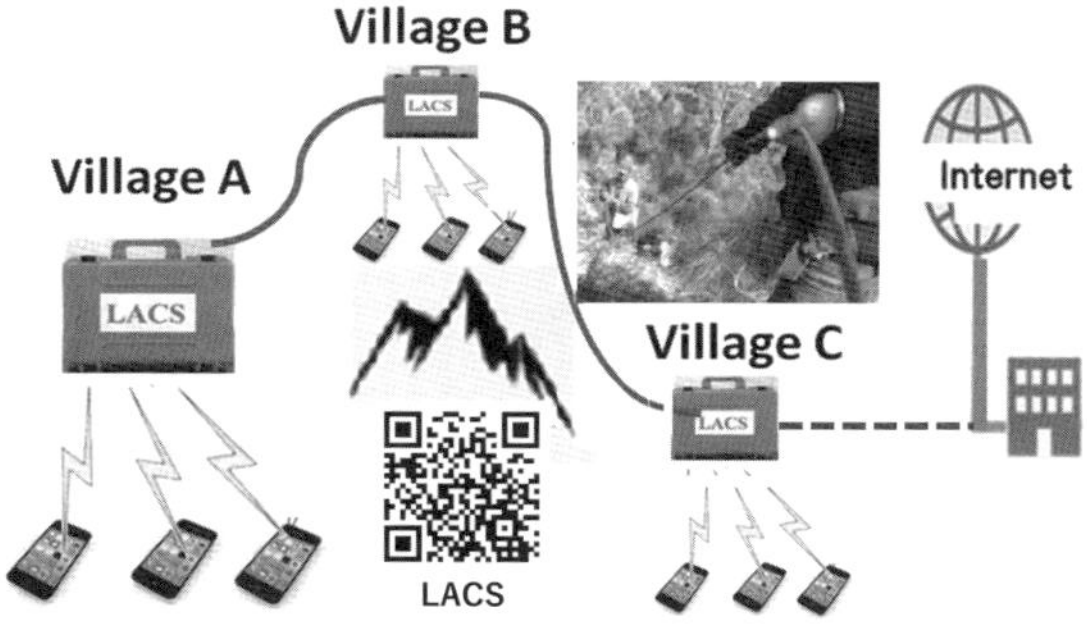

途上国の奥まで段階的にインターネットを導入する案
LACS についてはQR コードを

国や、地理的要因から敷設工事が難しかった山岳地帯や森林地帯、湿地、泥炭地、砂漠、サンゴ礁の島嶼などに住む人々も、ソリューションＢＩＲＤによってＩＴＵ標準に準拠した光ファイバー方式による通信環境が整います。

すると、これまでインターネットの恩恵を受けられなかった多くの人々に対して、ブロードバンドによる高速・大容量のネット接続が可能になります。それによって、遠隔での医療、農業、観光、教育、防災など、様々なサービスの拡充が実現するでしょう。

こうして先進国と途上国との間にあった情報格差や通信速度格差の壁を取り払い、地球全体でインターネットがスムーズにつながる環境ができるのです。

ＳＤＧｓが掲げた17の目標のうち、①貧困をなくそう、③すべての人に健康と福祉を、④質の高い教育をみんなに、⑤ジェンダー平等を実現しよう、⑧働きがいも経済成長も、⑨産業と技術革新の基盤をつくろう、⑩人や国の不平等をなくそう、⑯平和と公正をすべての人に、といった項目の実現に向けて大きな力になるのは間違いありません。

再び訪れるかもしれないパンデミック（感染爆発）、厳しさを増す気候変動、そして南北の不協和音への対処などについて、途上国の奥地も含めた全員が参加するコンセンサス形成が進めば、経済大国の論理に片寄りがちだった地球社会の舵取りを改善できるはずです。

低軌道衛星かソリューションＢＩＲＤか

さて、私のソリューションＢＩＲＤは有線の光ファイバーケーブルを安価に敷設するというアプローチです。

通信環境がない地域へのアプローチとしては無線があります。しかし無線で使う電波の波長は光の波長より千倍以上長く、その分だけ原理的に通信容量は少ないのです。固定無線は、見通し距離内にアンテナ塔をおいて次々に電波を伝えますが、設置工事、維持、管理は技術者にしかできませんから費用がかさみます。またアンテナにはそれぞれ電源が必要です。

衛星通信はどうでしょうか。静止衛星は3万6000キロの上空にあるので、往復約0・3秒の遅れが生じるため、放送（一方向）には使えますが、通信（双方向）には向きません。

特に最近は低軌道衛星を使うやり方が注目されています。低軌道衛星は、全地球をカバーするのに非常に多くの衛星と多額の資本が必要です。そして軌道が数百キロと低く、わずかな空気抵抗にも姿勢制御の燃料がいるために衛星の寿命は短いのです。軌道も混雑します。

更に低軌道衛星には、大きく二つの問題があります。

一つ目の問題は、低軌道衛星を提供する企業の意向に、現地の通信環境が左右されてしまうことです。

代表的な低軌道衛星に「スターリンク」があります。アメリカの民間企業スペースXが運用している衛星インターネットアクセスサービスでは1万2000機の衛星を打ち上げ、総費用は1・5兆円、衛星の寿命は10年以下と言われています。

経営者のイーロン・マスクが、ウクライナ戦争が起きてすぐに、ウクライナ支援のためにスターリンクを提供したことは大きな話題になりました。

このことは美談として受け止められましたが、同時に危険性をはらんでいます。イーロン・マスクの意向によって、その国の通信環境が左右されるわけであり、ひいては戦争の勝敗にも影響を与えることになるからです。

また、スターリンクはビジネスができる領域を優先して展開しているため、アフリカ大陸では経済発展が見込めそうなナイジェリアやケニアなど数カ国以外は後回しになっているような現状です。

低軌道衛星の開発、打ち上げ、運用には巨大資本が必要であり、それだけの投資をした民間企業が利益を追求するのは当然です。しかし、巨大資本の思惑によって途上国に生きる人々が収益性で分別されてしまう事態は避けなければいけません。

こうした現実を見てきたからこそ私は、「売り手によし、買い手によし、世間によし」の近江商人の商売哲学を思い出し、日本人だからこそ地球の持続可能性に貢献しようとソリューションＢＩＲＤを始めたのでした。

二つ目の問題としては、核爆発による高高度電磁パルスや、太陽の影響による磁気嵐に対して、低軌道衛星はまだ弱いという点です。

高高度電磁パルスについては第5章で触れましたが、テロ組織や独裁国家の暴走によって核兵器が使用された際、直接的な被害もさることながら通信環境への甚大な影響が懸念されています。

磁気嵐とは、地球の磁気の強度や方向が突発的に大きく変動する現象のことです。特に太陽コロナ爆発現象が発生すると、約2～3日後に強い磁気嵐が発生することが多いとされています。

２０２２年2月上旬に磁気嵐が発生した際には、2月3日に打ち上げられた49機のスターリンク衛星のうち、40機が大気圏へ再突入して失われました。このとき発生した磁気嵐の規模はありふれたレベルだったにも関わらず、多数の衛星が影響を受けたのです。

旅客機や船舶などは別としても、途上国の情報格差解消のためには、低軌道衛星よりも地表に有線ケーブルを安く置くソリューションＢＩＲＤのほうが、実現可能性や持続可能性においては有利な点が多いことが分かっていただけるかと思います。

ＡＩで激変する世界

これからの世界は、ＡＩ（人工知能）との共存を抜きにしては語れません。２０２２年11月30日アメリカの企業OpenAIが、ChatGPTと呼ばれる人工知能システムを公開しました。テキスト、画像などを応答として生成する生成ＡＩ技術が急浮上し、ＡＩ浸透の勢いは増すばかりです。更に、「はじめに」で述べたＡＧＩ（人工汎用知能）やＡＳＩ（人工超知能）までが出現すれば、今後の社会がどうなるかは予想もつきません。

現段階でも、ＡＩに置き換えられる可能性の高い仕事はたくさんあります。例えばカスタマーサポート、データ処理、製造ライン作業、金融アナリスト業務、医療画像診断、記事生成、通訳・翻訳などです。

途上国でもインターネットが浸透しさえすれば、ＡＩによって劇的に開発が加速される分野はいくらでもあります。教育、医療などの遠隔サービスに加えて、たとえば農業の生産性向上による食糧不足解消、医療格差の解消（ＡＩ医師）、教育格差の解消（ＡＩ教師による個別指導や教材提供）、多言語間通訳・翻訳、自動運転などです。

しかし、良いことばかりではありません。たとえば、「はじめに」で述べたＡＧＩは人間に代わって殺人兵器を制御するかもしれないのです。ＡＩ機能を駆使して敵味方を峻別し、攻撃するか否かも判断します。また、最近の顔認証、人の動作解析技術は、通行人の身元の特定、認知症の兆候さえ判別可能だと言いますから、悪用も懸念されます。巨大資本によるビッグデータを駆使したＡＩビジネス、更にその先にあるＡＩによる統治や核管理など、従来の法的枠組みでは想定していなかったリスクが今後起きてくることは確実です。フェイクニュースによってＡＩが誤作動し、核兵器が使用されてしまったりしたら、取り返しのつかない大惨事となるでしょう。

だからこそ、ＡＩ技術への規制、透明性の高い監視体制の確立が不可欠です。２０２４年3月21日、国連総会はＡＩシステムの推進に関するはじめての決議を採択しました。安心・安全で信頼できるＡＩ開発利用の促進、国家間のデジタル格差是正、ＡＩを世界規模の課題解決に利用、国際人権法を無視したＡＩ技術の運用停止、そして信頼できるＡＩシステムの基準の必要性も強調されました。

ＥＵ（欧州連合）も２０２４年5月21日、包括的にＡＩを規制する法律（AI Act）を成立させました。このいわゆる「ＡＩ法」は、生成ＡＩの開発、サービス提供企業などを対象にＡＩの規制をかける法律です。日本は翌22日、「ＡＩ戦略会議」で「法規制を検討する必要がある」としました。

ＡＩの規制、運用を含めて、世界の持続性向上に向けて世界共通のルールを打ち出せる環境を整えたいところです。途上国の情報格差を解消すれば、理不尽な戦争の回避への全員参加型のコンセンサスを得られる期待も高まります。情報格差解消の意義は、途上国の開発だけに留まらないのです。

今でさえ深刻な先進国と途上国の格差が更に拡大することは、国際社会の不安定要因を増し、世界をいっそう混乱させることにつながります。だからこそ日本が、情報格差解消に加えて、ＡＩの適切な規制などといった、途上国を含む世界の共生や格差是正への動きをリードするべきなのです。

地球の持続可能性と日本の針路

ＳＤＧｓの実現をめざして、日本人が誠実に粘り強く取り組んでいくことは、地球の未来にとっても日本の将来にとっても極めて重要です。

日本はこれまで、GDPを国力の象徴とみなし、そのランキングに一喜一憂してきました。しかし国際情勢は激動の時代を迎えています。ロシアとウクライナ、イスラエルとパレスチナの戦乱、欧米諸国にみられる国内の凄まじい格差、そして先進国と途上国間の格差の拡大など、大げさではなく地球社会は崩壊の兆候が見られているのです。

そんな混迷の世界において、日本が長い歴史の中で培ってきた「共生」「協調」「長期全体最適」「利他の精神」「持続可能性」などの価値観やノウハウは、大げさではなく人類の財産なのです。

だからこそ、地球の持続可能性に対して、日本人一人ひとりが地道な行動を通して貢献していくことは、我々の責任だと考えるべきではないでしょうか。

西部邁は『「国柄」の思想』（徳間書店）で〈戦後日本人はアメリカニストの群れに成り果ててしまった〉〈アメリカニズムの教本、それは日本国憲法である〉、〈日本は国柄を失い、日本人も人柄を失った〉と厳しく指摘しています。

しかし私は、日本人に悲観していません。西部も同書で「生を賭して引き受ける価値のあるのは実践的な課題のみなのだが、実践者は人柄と国柄の両足によってしか立てないのだ」とも書いているのです。

私の情報格差解消への挑戦は、中国や欧米各国に比べて信頼の厚い日本人が、大資本の論理とは無関係に行っている活動です。そしてそれは、自分の価値観と日本の国柄に立脚した「世のため人のため」の活動だと説明することで、相手国や地元の信頼、協力が得られて、プロジェクトを進めやすくなる効果も実感しているのです。

地球の持続可能性に対して日本が主体的に取り組んでいく試みは、我が国を守ることにもつながるはずです。

国際会議の場に数多く出席して痛感しましたが、先進国（特に欧米）が自国の利益ばかりを追求する姿勢に、途上国の人々は強い不満を抱えています。

日本が自国の経済的利益だけではなく、地球全体の持続可能性をリードしていけば、他国（特に途上国）からの尊敬となって返ってくるでしょう。ソリューションＢＩＲＤを国際標準化会議で提案した際、特にアフリカの国々の代表から称賛されたのも、その分かりやすい例だと思います。

国連決議は一国一票です。平時から地球の持続可能性に貢献していれば、有事に何らかの決議を国連で採択する際、途上国の票を日本の味方につけることもできます。だからこそ、常日頃より自国の経済的利益だけを追求するのではなく、地球の長期全体最適を優先して行動することが大切なのです。

東アジア情勢も油断がならない状況です。日本もいつ外敵からの侵略を受けるか分かりませんし、他の国々の戦乱に巻きこまれないとも言い切れません。仮にそのような有事が到来してしまったとしても、国際社会が日本の味方になってくれるならば、安全保障上の大きな後押しとなるでしょう。

その基本になるのは、日本人一人ひとりの自国への誇りと愛国心、そこからの「利他」「共生」の心を持った行動です。

特に経験、判断力、俯瞰力を培い、組織からの自由を獲得したシニア世代は、それぞれの分野において自立して、世界に向けて日本の矜持を発信する責任があると自覚すべきです。

私自身もその意気込みで、地球の持続可能性に貢献するために、途上国の情報格差解消というライフワークに邁進しているのです。

エピローグ　南スーダンの夜明け——日本人がひとり立つ意味

ソリューションＢＩＲＤの世界展開は徐々に勢いを増してきました。

２０２３年8月、南スーダンへ現地調査に行きました。東アフリカ通信機構のトップをやっている知人より「国内を流れるナイル川に光通信ケーブルを敷設したい」という要望を受け、打ち合わせを重ねていたのですが、コロナ禍によって延期していた視察がようやく実現したのです。

南スーダンは東アフリカに位置し、２０１１年にスーダンから分離独立したばかりの若い国です。

通信インフラは未整備の地域が多く、インターネットを使える環境にあるのは人口のわずか10パーセント、成人識字率は27パーセントという現状です。失業率はなんと70パーセントに達しており、情報格差解消が待ったなしの状況でした。

そのような状態ですから、南スーダンの経済状態は劣悪です。ＩＭＦ（国際通貨基金）の推計によると、２０１７年の南スーダンの国民ひとりあたりＧＤＰは１４３ドルで、１９０カ国中１９０位と世界最下位だったのです。

南スーダンは独立後も国内の混乱が続いており、２０２０年2月の暫定政府設立以後も、治安は非常に悪い国です。外務省と現地の日本大使館からは、渡航は禁止できないものの、次の４つの条件を守るよう要請されました。

①滞在期間を最短にする（クーデターがいつ起きてもおかしくないため）、②常に防弾車で移動する、③武装警察の24時間警備を実施する、④ローカル（国内線）の飛行機には乗らない、という条件が必須だというのです。

これだけでも、南スーダンがどれほどの国かが伝わるかと思います。

外務省からの条件を南スーダン政府に伝え、なんとか条件に合うように4日間の視察計画を立ててもらい、いざ現地へと向かいました。

羽田空港からエチオピア航空で香港〜アジスアベバ経由のフライトを23時間近くかけて、ようやく南スーダンの首都ジュバに到着しました。

航空機のタラップを降りると正装した政府関係者が待機しており、「ミスター岡村、こちらへどうぞ」とＶＩＰルートで案内してくれ、入国審査もスムーズに終えました。

そして空港の玄関には、銃で武装した警察官と、大きな防弾車が私を待っているのです。防弾車のドアを開けようとしても、なかなか開きません。普通の自動車のドアとは比べ物にならないくらい分厚く重たいからです。

武装した警察官は、外出時は常に私のそばに張り付いてくれ、宿泊したホテルでもすぐ近くの部屋に待機して、まさに24時間体制で警備してくれました。

なぜ南スーダンは、光通信ケーブルをナイル川に敷設しようとしているのでしょうか？

現地を視察してよく分かりました。ナイル川沿いに集落が点在しているのですが、堤防が未整備のため、雨期になると川岸が数十キロにわたって水浸しになってしまい、その湿地帯をボートで移動しているような状態です。

雨期でも浸水しないぐらい川から離れた場所には、スーダン内戦時から放置された地雷がたくさん埋まっており、道路の建設もままなりません。光通信ケーブルを安全に敷設するには、ナイル川の川底しか選択肢がありませんでした。

ソリューションＢＩＲＤで使っている光通信ケーブルは、もともと海底ケーブル技術を基にしているのですから、川底に敷設するには最適なのです。

４日間の短い行程ではありましたが、南スーダンの通信業界関係者たちとも詳細な打ち合わせができ、パイロットプロジェクトの実施に向けて第一歩を踏み出すことができました。

ソリューションＢＩＲＤは、ヒマラヤ山脈のあるネパールや、南スーダンの他、ケニアなどのアフリカ諸国からのアプローチが続いています。

第２章と第４章で触れましたが、２０２４年5月にはＵＡＥの首都アブダビで開催された、１７４カ国が参加した大規模な国際会議「13th Annual Investment Meeting（AIM Congress 2024）」に出席し、二つのセッションで登壇しました。ソリューションＢＩＲＤの価値と意義を訴え、特にアラブ諸国からの開発投資の対象としてアピールしてきました。

２０２４年5月29日にはジュネーブで世界情報社会サミット（WSIS 2024）のセッションを一つ主宰し、国連の特別機関ＩＴＵの標準化部門の尾上局長と、ネパールでソリューションＢＩＲＤのケーブル敷設を進めているＮＰＯ法人ＩＣＴ４ＤのＣＴＯ（最高技術責任者）、南スーダンの通信規制庁のトップを交えて議論しました。

尾上局長には冒頭、ソリューションＢＩＲＤについて評価を述べていただきました。

「岡村さんは情報格差解消へのＩＴＵ勧告の編集者です。ソリューションを標準化し、そのＩＴＵ標準を途上国に実装するというのは、私の新しい二つの最優先事項で、それを実行されたことはグレートジョブです」

南スーダン　通信規制庁（NCA）にて打ち合わせ　2023年8月

ソリューションBIRDの世界展開は、まだ始まったばかりです。

このように、ひとりで提案したソリューションBIRDはITUで標準化し小規模ですが設置し実証するところまでこぎ着けました。

ソリューションBIRDについては、日本にはケーブルメーカーのOCC、途上国の開発の経験が豊富なKDDI財団、そして現地でもネパールのNPOであるICT4Dをはじめ、協力してくれる人たちがいました。

世界的な通信の民営化の流れの中で、情報格差解消は「投資の回収が難しい」として顧みられないできてしまった面がありました。資本主義や市場経済の枠組みに沿いにくい開発課題への取り組みは、ひとりの人間が持つ「志」からスタートする場合も多いのです。

同調圧力が強い日本において、周囲に流されずにひとり立つ人間はとても少ない。しかし、そんな中でも立ち上がった日本人は、世界で大いに力を発揮できるのです。

キリスト教徒で医師の故・中村哲氏も、志を掲げてひとり立ちあがり、地球の持続可能性のためにその身を捧げました。ご存じの通り中村氏は、パキスタンとアフガニスタンで長年、医療活動に従事。そして晩年はアフガニスタンの砂漠地帯に井戸や水路を造る活動を通じて、病気や貧困、そして難民問題の解決に尽力したのです。

２０１９年12月４日、中村氏はアフガニスタン東部のジャラーラーバードを車で移動中に銃撃され、この世を去りました。

中村氏が殺害された理由は定かではありませんが、イギリスのＢＢＣ放送は州政府知事の発言として「彼（中村氏）の水関連の仕事に理由がある」と報じました。アフガニスタンの砂漠地帯では水はきわめて貴重ですから、中村氏が造った水路によって水の流れが変わり、それに

南スーダン通信規制庁（NCA）にて、2023 年８月
Adok 長官と Dr. Simba*
＊東アフリカ通信機構（EACO）Executive Secretary

よって利害関係者から恨みをかってしまった可能性もあるのです。

中村氏も当然そうした危険を承知のうえで、自らの信念であるという灌漑作業を継続したのでしょう。

私も2019年春にネパール西部山間地帯のドゥル市で、10キロの光ケーブル敷設を終えた際、祝賀の式典で近隣の村の関係者から「次はうちの村にケーブルを引いて欲しい」と強く言われたことがありました。特定の地域だけケーブルが敷かれて通信環境が整うということは、隣接する村からは不公平に見えるわけです。

ある意味で私も中村氏に言われるのと同じような立場を経験したのでした。

ソリューションBIRDは、地元の人たちの手によるDIYで、重機も用いずに安価でたくさんの場所に、同時並行的にケーブルを設置することができます。資本の論理や地域の経済力の差などによる不公平さや格差の再生産の懸念などの少ないボトムアップのアプローチは、途上国での迅速な情報格差解消に最適なのです。

日本人がひとりで立ちあがり、地球のために誇りを持って活動することの意義は計り知れません。

日本人女性初の国連事務次長であり、国連軍縮担当上級代表を務める中満泉氏は、このように述べています。

〈社会問題を自分ごととして理解し、興味を持っている分野で自分に何ができるかを考え、行動に移していただきたい〉（ＮＨＫスペシャル「混迷の世紀　巻頭言２０２３ 世界は平和と秩序を取り戻せるか」２０２３年1月1日放送）

国連はＳＤＧｓの達成に向けて、２０３０年までにすべての人が安全でなおかつ手頃な価格でインターネットにつながれる環境を作るべきだとしています。

私は情報格差解消という社会問題を「自分ごと」として理解し、そして行動に移しました。だからこそ、国際社会の中で日本が果たすべき役割も自覚することができたのです。

地球の持続可能性のために、私はこれからもソリューションＢＩＲＤを世界に広め続けていきます。

おわりに　量子力学が明らかにする東洋の価値

２０２２年のノーベル物理学賞は、量子力学の分野で「量子もつれ」の研究によってアラン・アスペ博士（フランス）、ジョン・クラウザー博士（アメリカ）、アントン・ツァイリンガー博士（オーストリア）の３名が受賞しました。

量子力学とは、素粒子・原子・分子などミクロな世界の物理事象を扱う学問です。

その中でも今回ノーベル物理学賞の対象となった「量子もつれ」とは、粒子同士に強い結びつきができる現象のことを指します。

いったん量子もつれの関係ができた二つの粒子は、物理的な距離がどんなに離れていても、一方の粒子の状態が変化するとそれに応じてもう一方の粒子も変化するという、非常に強い結びつきを持つのです。

量子力学の発展は、世の中に起きる説明のつかない現象の解明や理解に対して、新しいアプローチを開く可能性があります。

20世紀半ばまで、西欧の科学的理解は「因果律（原因と結果が一対一で対応する関係）」の一辺倒でやってきました。「自然の法則には人間の意識を超えた客観性がある」というのが、因果律の立場であります。

一方で量子力学は、「観測することによって事実が確定する」と考え、自然界の物質にも「ゆらぎ」が存在することを説きました。物理量は一定の値ではなく、確率的に変動する量の期待値だから「ゆらぐ」のです。

今回の「量子もつれ」のノーベル賞は、因果律（必然性）の世界の手法で、仏教が教える因縁（偶然性）の背後にあるメカニズムの一端を世に示したと考えられます。因縁の教えが示すように、因果関係では説明しきれない現象や偶然性の領域が量子もつれの研究を通じて新たに照らし出されてきたのです。この発見を契機に東洋と西洋の思想が補完し合い、持続可能な未来に向けた新たな議論の扉が開かれることを期待しています。

量子力学の形成に指導的役割を果たしたデンマークの理論物理学者ニールス・ボーアは、「量子物理学と東洋哲学に類似性がある」と語っていました。

そのボーアと量子力学を巡って激論を交わしたアルベルト・アインシュタインは、「神はサイコロを振らない」と言って、量子力学の曖昧さを批判して最後まで因果律をとりましたが、それでも「仏教は、近代科学と両立可能な唯一の宗教である」とも言いました。（フレデリック・ルノワール著、今枝由郎、富樫瓔子訳『仏教と西洋の出会い』トランスビュー）

またダライラマ14世は、科学と精神性の融合について、「仏教は科学者と一緒に歩むことのできる唯一の宗教」と言いました。（ダライラマ法王14世、特別講演会「グローバル世界における日本・チベット」、２０１６年11月16日）

日本人も負けてはいません。柳田國男に「日本人の可能性の極限」と言わせた南方熊楠は、「偶然性を科学方法論に欠くことのできない要因であると認識」し、「西洋科学は必然性の世界を追い求めてきたけれども、偶然という要素が入ってない限り、社会現象というか、人間の世界のことは記述できない」と言ったそうです。（鶴見和子『南方熊楠・萃点の思想　未来のパラダイム転換に向けて』藤原書店）

つまり、アジアの仏教の説く「因縁」の因は因果律（必然性）、縁は偶然性であり、仏教のほうがニュートン力学を超えているとしたのです。ボーアらが、量子力学の形成で偶然性が方法論的に重要であるということを明確に打ち出す約30年前の話です。

２０１３年5月22日、私は兵庫の鏑射寺にて、「今空海」として知られる中村公隆住職と１００分にわたって対話する幸運を得ました。

中村住職は、「人間が真に無心でいるときに時間、空間が要らない通信のようなことが起きている」「霊的な過去世、来世があるということが最近になってやっと量子論で証明された」と語られました。あれから10年の時を経て、世界がその認識に追いついたのです。

日本は、世界の本質が因果律を超えるものであることを、欧米よりもはるかに早く知っていました。

思えば私がいま取り組んでいるソリューションＢＩＲＤも、不思議な偶然に導かれて進んできたような気がしてなりません。

国際会議で訪れたスイス・ジュネーブの地で突然、ヒマラヤ山脈上空を飛ぶ大型ヘリコプターから、光通信ケーブルがするすると降ろされていくというイメージが鮮明に浮かんできたこと。

その突飛なイメージだけを頼りに、実際にさしたる計画もないまま、「地球の役に立つはずだ」という確信を反芻しながら前進してきたこと。

困難に直面するたびに味方があらわれて、分岐点で良い方向をすべて選んできたこと。

いまもまだ理想への途上であり、実現は何年先になるか分からないが、思い描いているイメージを見つめながら一歩一歩進み続けていること。

それらすべてを考えると、科学では説明できない偶然に導かれていたとしか考えられないのです。

ブラジルの小説家パウロ・コエーリョの作品『アルケミスト』（１９８８年）は、前兆や繰り返し見た夢を信じて行動につなげ、実践し続けることで結果を得る、いわゆる因果律を超えた世界を舞台に、自分を信じて旅を続ける物語です。この小説が85カ国語に翻訳されて、世界中で８５００万部を超える大ベストセラーとなりました。

ノーベル医学・生理学賞（１９１２年）を受けたフランスのアレキシス・カレルの著書『人間この未知なるもの』（１９３９年）も２０００万部の大

ベストセラーとなりました。カレルは本書の「奇跡は実在する」の節で「奇蹟による治癒は稀にしか起こらない、（中略）それは祈りのようなある神秘的な状態が明確な効果を持つことを示している」と書いています。

このような書籍が共に大ベストセラーとなったことは、偶然の世界への興味が広く世界で共有されている一つの証ではないでしょうか。

2024年8月8日、日向灘でマグニチュード7・1の地震が起き、即日、気象庁から巨大地震注意が出されました。地震、気候変動、戦争、感染症など、人災、天災への備え、予測に、因果律を超えて対応する時代が近づいているのかもしれません。

ソリューションBIRDが世界に浸透すれば、第4章で述べた全員参加形のコンセンサス形成が可能になるのに加えて、世界奥地にまで散らばる実績ある祈祷師、霊能者、宗教者などの言葉の共通項を世界が共有することも可能です。

中村住職との対話の最後、私のソリューションBIRDの構想について、このように言葉をかけていただいたことが今でも忘れられません。

２０２３年12月14日、中村住職は亡くなられましたが、本書の最後に、その言葉を読者の皆様、そしてすべての日本人へ贈りたいと思います。

「それは、日本人がやるべき仕事に当てはまると思う。元気を出しておやりなさい」

「いま日本人が、ちゃんと気がつけば、世界を救っていける唯一の民族だと思う」

岡村治男（おかむらはるお）

ひとり開拓者
工学博士

東京工業大学（修士）卒。NTT、NEC、コーニング社で光通信の研究、開発、標準化に従事。（株）グローバルプランを立ち上げ、情報格差解消への光通信ソリューションを開発、標準化、実証。世界情報社会サミット2022のインフラ部門でチャンピオンプロジェクトに選ばれた。早稲田大学客員教授、東京大学非常勤講師、産業技術総合研究所研究顧問、国際電気通信連合（ITU）で標準化のリーダーなどを経て現在、国際電気標準会義（IEC）で光ファイバーシステム標準化委員会の議長、情報通信研究機構外部評価委員。情報通信技術賞（総務大臣表彰）、産業標準化事業表彰（経済産業大臣表彰）。著書に「ニューノーマル　シニアはひとりで世界へ!」（みらいパブリッシング、2023年2月）

SDGs
シリーズ

ＡＩ《エーアイ》時代《じだい》の扉《とびら》を開《ひら》く日本人《にほんじん》の矜持《きょうじ》

シン・ニューノーマル的日本論《てきにほんろん》

2024年10月16日　初版第1刷

著　者／岡村治男《おかむらはるお》
発行人／松崎義行
発　行／みらいパブリッシング
〒166-0003 東京都杉並区高円寺南4-26-12 福丸ビル6F
TEL 03-5913-8611　FAX 03-5913-8011
https://miraipub.jp　E-mail: info@miraipub.jp
編　集／徳山雅代
ブックデザイン／池田麻理子
発　売／星雲社（共同出版社・流通責任出版社）
〒112-0005 東京都文京区水道1-3-30
TEL 03-3868-3275　FAX 03-3868-6588
印刷・製本／株式会社上野印刷所

ISBN978-4-434-34564-7 C0036